예수와 함께한 저녁식사

Dinner with a Perfect Stranger
by David Gregory

Copyright © 2005 by David Gregory
Published by WaterBrook Press
12265 Oracle Blvd., Ste. 200
Colorado Springs, Colorado 80921
A division of Random House, Inc.
All right reserved.

Translated and used by the permission of WaterBrook Press
through the arrangement of rMaeng2 Agency, Seoul, Korea

Korea Copyright © 2005 by Gimm-Young Publishers, Inc., Seoul, Korea.

예수와 함께한 저녁식사

데이비드 그레고리 지음 | 서소울 옮김

포이에마

예수와 함께한 저녁식사

데이비드 그레고리 지음 | 서소울 옮김

1판 1쇄 발행 2005. 12. 20. | **1판 82쇄 발행** 2025. 3. 10. | **발행처** 포이에마 | **발행인** 박강휘 | **등록번호** 제300-2006-190호 | **등록일자** 2006. 10. 16. | 서울특별시 종로구 북촌로 63-3 우편번호 03052 | 마케팅부 02)3668-3260, 편집부 02)730-8648, 팩스 02)745-4827

저작권자 ⓒ 데이비드 그레고리
본 저작물의 한국어판 저작권은 알맹2 에이전시를 통하여 WaterBrook Press사와 독점 계약한 포이에마에 있습니다. 신 저작권법에 의해 한국 내에서 보호받는 저작물이므로 무단 전재와 무단 복제를 금합니다.

값은 뒤표지에 있습니다. | ISBN 978-89-958873-6-3 03230 | 이메일 masterpiece @poiema.co.kr | 좋은 독자가 좋은 책을 만듭니다. | 포이에마는 독자 여러분의 의견에 항상 귀 기울이고 있습니다.

 차례

초대장	7
만남	16
메뉴	27
애피타이저	38
샐러드	58
메인코스	72
디저트	87
커피	108
계산서	123
귀가	136
부록 믿음을 구하는 이들을 위한 4주 그룹 토론 가이드	144
옮긴이의 말	156

초대장
THE INVITATION

초대에 응하기 전에 좀 더 신중하게 생각했어야 했다. 종교 지도자, 그것도 까마득히 오래전에 고인이 된 종교 지도자와의 저녁 만찬에 참석해 달라는 발신인 불명의 초대가 아니어도 내 수첩에는 이미 약속들로 꽉 차 있었다.

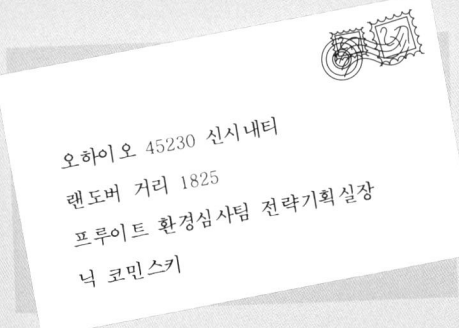

오하이오 45230 신시내티
랜도버 거리 1825
프루이트 환경심사팀 전략기획실장
닉 코민스키

초대장은 신용카드 신청서와 무슨 무슨 협회에서 보낸 광고지 다발 속에 끼여 내 사무실로 왔다. 베이지색의 까슬거리고 도톰한 고급 크레인 용지에 타이핑돼 있었고 봉투 역시 같은 종이였다. 초대장엔 반송 주소도, 회신 요청도 없었다.

>
> 나사렛 예수와의 만찬에
> 당신을 초대합니다.
>
> 밀라노 레스토랑
> 3월 24일 화요일 저녁 8시

처음에는 근처 교회에서 또 '전도 행사'라도 하려는 모양이라고 생각했다. 처음엔 우리도 그런 행사에 넘어간 적이 있었으니까. 그 교회에서 보낸 전단지는 3년 전 이곳으로 이사 온 아내 매티와 나를 일찌감치 우편함에서 기다리고 있었다. 교회 딴에는 홍보라고 생각했는지 그런 우편물이 끝도 없이 날아들었다. 실제로 나는 그것들에 마음이 동하기도 했는데, 순전히 재미있는 설교 제목 때문이었다.

열 가지 제안이 아닌 열 가지 계명
하느님이 멀게 느껴진다면, 누가 멀어진 것인가?
천국행 마라톤을 위한 영혼의 에어로빅

정말 이런 전단으로 사람들을 교회로 불러들일 수 있다고 믿는 걸까? 오히려 사람들의 비웃음을 살 수 있다는 생각은 못하는 걸까?

뒤이어 친선 볼링 경기, 스파게티 요리 경연, 주말 부부여행, 친선 골프 스크램블(선수 각자가 티샷을 한 후 가장 좋은 위치의 볼을 선택하여 그 위치에서 다음 샷을 하는 방식—옮긴이) 등 이벤트 공세가 시작됐다. 어쩌다 그랬는지, 잠깐 판단력을 잃은 나는 골프시합에 나가겠다고 손을 들어 버렸다. 그때의 경험이란 고통 그 자체라고밖에 달리 표현할 길이 없다. 골프장에 도착해 '내 주인은 유대인 목수시니'라고 적힌 스티커를 붙인 차 뒤에 주차할 때부터 심상치 않았다. 나는 4인 1조 시합에 배정되었고, 알고 보니 그 차 주인도 같은 조였다. 그는 누군가에게 벽돌로 얻어맞고는 휴일에 성형외과 의사를 불러내 수술을 받은 사람처럼 부자연스런 미소가 얼굴에 고정돼 있었다. 다른 두 명으로 말하자면, 한 명은 전반 9홀까지 안정된 샷을 연발하더니 후반 9홀에서 흔들리기 시작하자 공을 칠 때마다 욕지기를 내뱉었다. 그가 그 교회 남선교회 회장이었다. 점수를 매기는 것 외엔 한 마디도 하지 않던 나머지 한 명은 새신자 환영회 담당 집사임에 틀림없었다. 나는 그때 이후로는 일절 교회 행사에 참석하지 않았다.

그러니 이런 초대장을 보낸 곳이 그 교회라면 이 정체 모를 만찬에 가야 할 이유가 전혀 없었다. 그렇지만 아무리 생각해 봐도 초대장은 다른 곳에서 보낸 것 같았다. 일단, 그 교회에서 어떻게 내 직장 주소를 알아냈을까? 집요하긴 해도 그렇게 수완이 좋은 사람들이 아니었다. 또 하나, 이건 그 교회 스타일이 아니었다. 고급 이탈리아 레스토랑보다는 스파게티 요리 경연이 그들에게 더 어울렸다. 게다가 초대장을 익명으로 보낼 사람들이 아니다. 그들이 사람들에게 알리고 싶은 것은 단 하나, '자기들' 교회가 행사 후원자라는 사실이었다.

이제는 오리무중이었다. 이런 이상한 초대장을 나에게 보낸 사람은 도대체 누구일까? 문제의 레스토랑에 전화를 걸어 보았지만, 모르는 일이라고 잡아뗐다. 당연히 그 식당은 초대장에 대해 모르는 척, 아무 말도 하지 않기로 이미 말을 맞추었을 수도 있다. 신시내티에는 교회가 많았지만, 나는 그 모든 교회들과의 접촉을 용케 잘도 피해 왔다. 우리 부부와 친한 데이브와 폴라가 연합 교회(Unity Church. 20세기 미국의 한 기독교 운동으로 시작한 교회로, 건강과 번영을 위한 기도와 영적 측면을 강조하는 것이 특징) 다니고 있기는 하지만, 이런 자리에 아내 매티를 빼고 나만 부를 사람들이 아니었다.

논리적으로 끼워 맞춰 보면, 항상 말도 안 되는 작당모의를 하는 사무실 동료 레스와 빌의 짓이었다. 그들은 내 총각 파티를 시체 공시소에서 벌이고, 여자들이 아닌 남자들의 첫 아이 출산 축하 파티를 해준 인물들이었다. 아내를 같이 안 불러 준 게 고마우리만치 난생 처음 보는, 음란하기 짝이 없는 출산 축하 파티였다. 그런데 아무리 짓궂은 녀석들이라 해도 이런 식의 초대는 어딘가 석연치 않은 구석이 있었다. 최소한 초대장이 회사로 오게 하지는 말았어야 했다. 이건 너무 빤했다. 하지만 정말 그들의 계획이라면 이번에 제대로 한 건 올린 셈이다. 고급 초대장이며 근사한 레스토랑, 그리고 그곳에서의 기묘한 이벤트라니.

나는 시치미를 떼기로 했다. 초대장에 대해 입도 뻥긋하지 않았다. 그리고 무려 3주가 지나도록 그들도 아무 일 없다는 듯 행동했고, 음흉한 미소 한 번 흘리는 법이 없었다. 24일이 다가올수록 그들의 기발한 상상력이 이번엔 어떤 일을 꾸몄을지 나의 기대는 커져만 갔다.

딱 한 가지, 저녁 약속을 가로막는 문제가 하나 있다면 그것은 바로 아내 매티였다. 지난 3주 동안 하루 14시간 넘게 회사에서 일했던 터라 아내는 나에게 불만이 쌓일 대로 쌓여 있었다. 보통 때 같으면 하루 6시간 근무에도 조바심을 쳤던 사람이다. 아내를 딸 사라와 둘만 남겨 놓고 그 녀석들과 놀려고 또 하루 저녁을 뺄 핑계가 도무지 떠오르지 않았다.

낮 시간으로 모자라 밤까지 24개월 된 아이를 아내 혼자서 돌본다는 것은 말할 것도 없이 힘들고 고달픈 일이다. 게다가 매티는 집에서 부업으로 컴퓨터 그래픽 일을 하고 있었다. 우리가 시카고에 살았다면 어머니나 장모님이 매티의 고생을 조금은 덜어 주었을 것이다. 물론 여전히 매티의 몫은 남아 있겠지만. 어머니는 아이를 봐달란 말만 들어도 소리를 지르며 대환영하셨을 것이다. 하지만 어머니에게 너무 자주

사라를 맡기면…… 나 같은 아이로 클 것이다. 다행히 이곳 신시내티와 시카고는 5백 킬로미터나 떨어져 있으니, 내 딸은 그런 운명을 벗어날 수 있었다.

나를 따라 시카고에서 신시내티로 이사 온 매티는 결혼 후 내가 회사에서 늦게까지 일하리란 것을 알고 있었다. 5시 정각이 되자마자 벌떡 일어나 퇴근을 했다간 이 일을 할 수 없다. 퇴근하면서 사장에게 손을 흔들곤 "죄송하게 됐습니다. 오늘도 먼저 가봐야겠어요. 아내가 5시 반까지 와서 딸애 이유식을 만들라고 했거든요"라고 말하는 것은 상상 속에서나 가능하다. 5시 칼퇴근을 몇 번만 하면 아예 집에 눌러앉아서 애나 보라고 할 것이다.

벌써 내 이력서가 눈에 훤하다.

학력

1996년　　　　　노던일리노이 대학교 화학과 졸업

2001년　　　　　노스웨스턴 대학교 경영학 석사

경력

1996-2000년　　애보트 제약회사 화학 연구원

2000-2002년　　애보트 제약회사 기업기획 분석가

2002-2005년　　프루이트 환경심사팀 전략기획실장

2005년　　　　현재 전업주부

   지금 직장에 잘 눌러앉아 있는 것이 그나마 최선의 선택 같았다. 솔직히 말하면, 사무실에 산더미처럼 쌓인 업무에서, 집에서 귀가 따갑게 들어야 하는 매티의 불평에서 하루 저녁 벗어날 수 있다는 사실에 구미가 당겼다. 나는 빌과 레스의 엽기적인 발상이 어떤 난장판을 연출할지 밀라노 레스토랑이 짐작이나 하고 있는지 궁금했다.

   그러나 이런 생각은 밀라노 레스토랑 주차장으로 들어갈 때쯤 내 머릿속에서 저만치 멀어져 있었다. 오는 길에 전화했더니 매티는 휴대폰에 대고 소리를 질렀다.

   "남편이 있으면 뭘 해? 이럴 거면 혼자서 키우는 게 낫지!"

   통화 잡음이 심해 잔소리는 다행히 거기서 끝이 났다. 그것만으로 충분했다. 나는 그날 밤 나의 계획을 합리화할 구실을 결국 찾아내지 못했다. 지금에 와서 드는 생각이지만, 약속 시간 20분 전에 통보하는 게 아니었다.

   R.E.M. 노래를 귀가 멍멍하도록 크게 틀어 놓고 거리를 질주해도 죄책감이 완전히 가시지 않았다. 차체만 한바탕 심

하게 쿵쿵거렸다. 나는 익스플로러(포드 사의 자동차 모델명—옮긴이)를 주차장에 세우고, 시동을 껐다. 그리고 오늘 밤 내게 무슨 일이 일어날지 마지막으로 한 가닥 단서라도 얻을 수 있지 않을까 싶어 다시 한 번 초대장을 집어 들었다. 역시 아무것도 없었다. 불현듯 이까짓 저녁 만찬이 몇 시간 뒤에 맞닥뜨릴 매티의 싸늘한 냉대와 맞바꿀 하등의 가치가 없다는 생각이 들었다.

그러나 나는 여기 와 있었다. 이 모든 이벤트가 불발로 끝난다면 일찍 돌아가 매티에게 체면은 세울 수 있을 것이다. 최소한 한 달에 한 번이라도 예상보다 일찍 집에 들어가면 약간의 자비를 베푸는 것 같았다. 지난 3주 내내 늦게 들어갔으니 내겐 그런 선처가 조금은, 아니 아주 절실히 필요했다.

돌발 상황에 대비한 계획을 세운 뒤, 주차장을 가로질러 레스토랑에 들어섰다. 스무 개 정도의 테이블을 쓱 둘러보았다. 긴 옷에 장발을 한 남자는 보이지 않았다. 그리고 보이지 않기는 회사 동료들도 마찬가지였다.

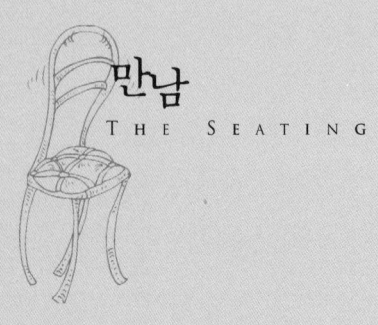
만남
The Seating

"혼자 오셨습니까?"

누군가 날 알아보기 전에 자리를 뜨려던 찰나, 와인바 뒤에서 지배인이 나타났다.

"혼자이십니까, 손님?"

"아뇨, 저…… 여기서 누굴 만나기로 했습니다. 닉 코민스키라고 합니다."

"아, 코민스키 씨로군요. 이쪽으로 오시죠."

지배인은 메뉴판을 집어 들고 나무 격자문을 지나 탁 트인 식당 안으로 안내했다. 2년 전 발렌타인데이에 매티와 함께 왔을 때와 변한 게 없었다. 종업원 두 사람이 흰색과 붉은색의 천을 엇갈리게 겹쳐서 테이블을 하나씩 덮고 있었다. 커다란 거울 때문에 식당이 하나 더 딸려 있는 것처럼 넓어 보였다. 식당 양쪽으로 난 창문으로 오하이오 강이 바라다보였다. 수면이 반사되는 켄터키 방향 창문에서 빛이 반짝거렸다. 강물 소리가 수면을 돕기 위해 듣는 파도 소리 모음 CD처럼 편안한 배경음악을 제공했다. 안타깝게도 매티가 좋아했던 안드레아 보첼리의 노래는 강물 소리에 묻혀 거의 들리지 않았다.

화요일의 밀라노 레스토랑은 한산해 보였다. 네 개의 테이블에만 손님이 앉아 있었다. 나는 앞쪽 테이블에 앉아 웃으며 대화하고 있는 여섯 명의 노인 일행을 지나면서 갓 구운 빵 냄새를 깊이 들이마셨다. 오른쪽 구석에서는 20대 초반의 남녀가 손을 맞잡고 서로를 끈적이는 시선으로 바라보고 있었다. 남자는 자신의 셔츠 소맷부리가 라비올리 접시에 빠진 줄도 몰랐다. 식당 중앙에는 체중 문제가 심각해 보이는 두 여성이 킥킥거리며 커다란 초콜릿 케이크에 푹 빠져 있었다. 그리고 왼쪽 구석에는 푸른색 양복을 입은 30대 남자가 혼자 앉아 메뉴판을 들여다보고 있었다.

나는 지배인의 안내를 받아 그 남자 쪽으로 갔다. 자리에서 일어난 그는 손을 뻗어 내 손을 움켜쥐며 말했다.

"닉 코민스키 씨. 안녕하세요, 예수입니다."

지금 생각해 보면 수천 가지 말로 받아치는 것이 가능했다.

"거룩하신 주 예수님, 이제야 뵙게 되다니 정말 영광입니다!"

"우리 일행 열두 명은 함께 안 오셨나요?"

"예수님께서 양복 차림으로 묻히신 줄은 몰랐습니다."

그러나 이 어처구니없는 상황에 나는 말문이 막혀 버렸다. 뭐라고 대꾸해야 할까? 내가 기어들어가는 목소리로 "아, 그렇군요"를 내뱉기 전까지 그와 나는 좀 길게 악수를 나눴다. 그제야 남자는 내 손을 풀어 주곤 자리에 앉았다.

나는 지배인과 눈이 마주쳤다. 그는 재빨리 시선을 피했고, 내 접시에서 냅킨을 집어 나에게 앉으라는 신호를 보냈다. 내 무릎에 냅킨을 얹어 주고 메뉴판을 건넨 지배인은 즐거운 저녁식사가 되길 바란다는 말만 남기고 자리를 떠났다.

"나와 주셔서 감사합니다."

남자가 먼저 말을 건넸다.

"주중이라 시간 내기가 쉽지 않으셨을 겁니다."

우리는 서로를 빤히 쳐다봤다. 아니, 정확히 말하면 빤히 바라본 건 나였다. 그는 메뉴판으로 시선을 옮겼다. 보통 체격에 키는 나보다 약간 작은 177센티미터 정도였다. 얼굴빛은 엷은 올리브색이었고, 짙은 밤색의 곱슬머리는 짧게 쳐서 앞쪽으로 빗어 내렸다. 숱이 많은 눈썹 아래로 갈색 눈이 깊이 박혀 있었다. 갈색 눈은 매우 짙어서 어디까지가 홍채이고 어디부터가 눈동자인지 분간이 되지 않았다. 길고 날렵한 코와 갸름한 입술은 마치 그 위의 이마와는 경쟁이 되지 않는다는 걸 안다는 듯, 살짝 들어간 턱과 조화를 이루고 있었다. GQ 표지 모델감은 아니었지만, 헬스장에서 운동하는 시간이 나보다 훨씬 많은 건 틀림없었다. 양복은 아르마니는 아니었지만, 그렇다고 할인매장에서 파는 싸구려 브랜드도 아니었다.

고개를 든 그는 자신을 조목조목 뜯어보고 있는 나를 발견하고도 불편해 하는 기색이 전혀 없었다. 그의 눈은 이 만남의 정체에 대해 어떠한 단서도 주지 않았기에 이번에는 내 귀를 믿어 보기로 했다.

"실례합니다만, 제가 아는 분인가요?"

"어려운 질문이군요. 그렇다고 하는 게 맞을 겁니다."

그는 살짝 웃어 보였다.

"미안하지만 전 당신을 만난 기억이 없는데요."

"그렇죠."

나는 식당 안을 두리번거렸다. 격자문 뒤에서, 혹은 남자 화장실에서 녀석들이 뛰쳐나와 주기를 기다렸다. 하지만 격자문 뒤에는 아무도 숨어 있지 않았다. 남자 화장실도 역시……. 나는 다시 테이블 건너편의 남자를 바라보았다.

"다시 한 번 말씀해 주실래요? 누구시라고……."

"예수요. 집에서는 예수아Yeshua라고도 불렸죠."

"집이라면 어디……."

"나사렛이요."

"그러시겠죠."

"거기에서 자랐어요. 태어난 건 아니고."

"그럼요, 물론 아니죠. 출생지는……."

"베들레헴입니다. 그렇지만 거기에선 이집트로 떠나기 전에 잠깐 살았습니다."

이것으로 더는 들을 말이 없었다. 이 남자, 제정신이 아니었다. 나는 한 마디도 하지 않고 일어서서 왔던 길을 되짚어 격자문을 지나 오른쪽으로 꺾어 화장실로 들어갔다. 소매를 라비올리 접시에 담그고 있던 남자가 소매를 씻고 있었지만,

그 외에는 아무도 없었다. 다시 나와서 나는 여자 화장실을 살짝 열어 볼까도 잠깐 생각했지만, 레스와 빌을 찾는 것이 그 정도로 다급하진 않았다. 왼쪽으로 돌아서 부엌으로 들어가는 회전 유리문을 슬쩍 들여다보았다. 아무도 없었다. 나는 멈춰서 식당을 찬찬히 눈으로 훑었다. 이제 좀 더 직접적으로 접근해 보겠다고 결심한 나는 테이블로 돌아왔다.

"이봐요."

의자 끝에 걸터앉으며 내가 말했다.

"난 오늘 밤 누군지도 모르는 사람과 영문도 모르는 저녁을 먹는 일 말고도 할 일이 많은 사람입니다. 대체 당신은 누구이며, 이게 다 무슨 일이죠?"

나도 모르게 목소리에 가시가 돋쳐 있었다. 생각해 보면 이 남자는 저녁 먹으러 이 자리에 나온 것 말고는 아직 내게 아무 짓도 하지 않았다.

"기대했던 것과 다르다는 거 압니다. 그렇지만 일단 저와 함께 식사를 하신다면, 의미 있는 시간이었음을 알게 되실 겁니다."

"어련하시겠소!"

나는 바로 되받아쳤다.

"예수와의 만찬이 의미 있지 않을 사람이 누가 있겠습니까? 지난주에는 나폴레옹과 저녁을 먹었죠. 그 전 주에는 소크라테스와 먹었고요. 그런데 예수님이라니! 이렇게 귀하신 분이 저 멀리 거룩하신 땅에서 여기까지 먼 길을 오셨으니 감사할 따름이죠!"

나도 모르게 목소리가 격앙되었다. 두 여자가 우리 쪽을 바라보았다.

그는 말없이 앉아 있었다. 나는 다시 의자에서 일어서며 말했다.

"이봐요. 난 그만 내 아내와 딸이 있는 집으로 돌아가야겠소이다. 초대해 줘서 감사했습니다."

나는 화해의 제스처로 손을 내밀었다.

"매티는 질과 함께 영화를 보러 갔습니다."

조금도 기가 눌리지 않은 목소리였다.

"사라는 레베카에게 봐달라고 맡겨 놓았고요."

좋았어, 퍼즐 조각이 몇 개 맞춰지기 시작했다. 이 남자가 내 아내를 알고 있다. 내 가장 친한 친구 크리스의 아내인 질 콘클린도 안다. 또 우리가 정기적으로 사라를 맡기는 레베카도 안다. 매티와 질이 영화를 보러 간 사실도 안다. 나는 자리에 도로 앉았다.

"크리스가 시켰나요?"

크리스가 어떻게 이런 일을 꾸몄는지 희한하기만 했다. 이런 유치한 연극과는 한참 거리가 먼 사람이었다.

"아뇨, 크리스가 시킨 게 아닙니다."

나는 애초의 용의자로 돌아갔다.

"빌과 레스의 친구인가요?"

그는 메뉴판을 옆으로 쓱 밀어내고 상체를 앞으로 기울였다.

"이렇게 하죠. 저녁을 다 드실 때까지 계시면 누가 이 자리를 만들었는지 가시기 전에 꼭 알려드리겠습니다."

지난번 빌과 레스가 이 비슷한 일을 벌였던 할로윈데이에는 끝까지 있다가 결국 신발에 시멘트 반죽을 뒤집어쓴 채 수영장에 던져졌다. 다행히 물은 따뜻했다. 이제는 자신을 예수라고 우기는 남자와 저녁을 먹게 생겼다.

웨이터가 와서 남자에게 말을 거는 바람에 내 생각은 거기서 끊겼다.

"와인 고르셨습니까?"

"내 친구에게 맡기죠."

그는 나를 바라보며 말했다.

"와인 어때요?"

"누가 사는 거죠?"

"접니다."

"그렇다면…… 골라야죠."

나는 와인 리스트를 펼쳐 30여 가지 와인을 훑어보았다. 모르는 와인뿐이었다. 그중 가장 비싼 와인을 주문할까 하는 오기가 발동했지만, 중간 가격대의 화이트 와인을 가리켰다.

"칼리케로 하죠."

나는 와인 리스트를 웨이터에게 건네주었다. 웨이터는 내 물주에게 시선을 돌렸고, 남자는 가볍게 고개를 끄덕였다.

"98년산 베르멘티노 디 갈루라 칼리케입니다."

웨이터가 와인을 확인한 후 돌아가고, 뒤이어 물병을 든 웨이터 보조가 왔다. 먼저 내 컵에 물을 따른 다음, 맞은편 남자의 컵에 따르자, "고마워, 카를로"라고 그가 인사를 건넸다.

우리 둘 다 물컵을 들어 한 모금 마셨다. 어쨌든 사람은 괜찮았다. 빌과 레스는 하루 저녁 기꺼이 예수 노릇을 하려는 이런 사람을 어디에서 찾아냈을까? 지극히 평범한 사람처럼 보였고 전혀 튀거나 주제넘지 않았다. 회사 동료들이 이번엔 그 어느 때보다 공을 들였다. 그렇지만 왜? 이렇게까지 하는 이유가 뭘까? 레스와 빌이 특별히 독실한 건 아니다. 빌은 크리스마스와 부활절에만 교회에 간다. 그것도 아내에게 떠밀려서. 레스로 말하자면 웨스턴힐스 컨트리클럽이 주일마다 꼭 나가는 유일한 곳이었다.

고개를 돌려 뒤쪽의 닭살 커플을 흘긋 바라보는데, 거울이 눈에 들어왔다. 이중 거울이었나? 한참 멀리 떨어져 있었던 것 같은 거울이 아까보다 훨씬 가깝게 느껴졌다.

웨이터가 와인병을 가지고 나타나 병을 열고 코르크 마개를 내 앞에 내려놓았다. 나는 그것을 들어 향을 맡아 보았다.

"향이 좋군요."

웨이터는 내 와인잔에 조금 따르더니 맛을 보라고 내밀었다. 매티와 나는 집에서 종종 와인을 마시지만 이런 수준은 아니었다.

"아주 좋네요."

그는 나와 건너편 남자의 잔에 와인을 가득 따르고는 병을 내려놓았다. 그때 남자의 입에서 이번엔 "고마워, 에두아르도"가 튀어나왔다.

'여기 직원들과 모두 아는 사이인가? 여기에 매주 오는 것

이 틀림없어.'

 단도직입적으로 물어보고 싶은 충동이 일었지만, 다른 전략을 구사해 보기로 했다. 나는 의자 등받이에 몸을 기댔다. 예의 냉소적인 미소를 억누른 채, '예수'를 바라보았다.

 "집에서는 예수아라고 불렸다고요?"
 "대개는요. 야고보는 나를 다른 몇 가지 이름으로 불렀죠."
 "저, 예쉬, 예쉬Yeshi라고 불러도 괜찮겠소?"
 "부르고 싶은 대로 부르세요."
 "예쉬, 그렇다면 궁금한 게 있는데……"
 나는 와인잔을 집어 들었다.
 "이 와인을 물로 바꿀 수 있나요?"

메뉴
THE MENU

"그럼요."

그는 흔쾌히 대답했다. 그리고 고개를 돌려 웨이터에게 테이블로 와달라는 손짓을 보냈다.

"내 친구가 이 와인 대신 물을 한 잔 더 달라고 하네요."

"그러시죠."

대답과 함께 웨이터는 내 와인잔을 들고 물을 가지러 돌아섰다.

"아주 웃기는군."

나는 혼잣말을 내뱉고는 웨이터를 다시 불렀다.

"와인 그냥 두실래요?"

"알겠습니다."

웨이터가 도로 잔을 내려놓았다.

"고마워, 에두아르도. 귀찮게 해서 미안해."

그가 말했다.

에두아르도가 가고, 나는 메뉴판을 펼쳐 잠시 그 안에 얼굴을 묻었다. 대화 수준은 미심쩍었지만, 음식 수준은 그렇지 않았다. 대개 여기를 찾는 손님들은 애피타이저와 샐러드, 앙트레, 디저트 순으로 나오는 4코스 식사를 주문했다. 뭘 먹을지 고르면서도, 한편으로는 내가 여태 여기서 뭘 하고 있는 건지 생각했다. 꼬르륵거리는 뱃속이 대답을 대신했다. 그러고 보니 일하느라 점심도 걸렀다.

"어떻게 하시겠어요?"

나는 메뉴판을 살짝 내려 빼꼼히 그를 내다보았다.

"여태 이 자리에 남아 있는 걸 보면 내가 미친 거 아니겠소."

"주문 말인데요."

'지난번에 매티랑 왔을 때 시켰던 게 꽤 괜찮았는데⋯⋯ 그게 뭐였더라?'

"송아지 요리로 하겠습니다."

메뉴를 겨우 생각해 내곤, 대단한 임무라도 완수한 양 나는 의기양양하게 메뉴판을 털썩 내려놓았다.

"저는 연어로 하겠습니다."

"오늘이 금요일인가요?"

그의 입꼬리가 살짝 말려 올라갔다.

"제가 손들었습니다."

그가 메뉴판을 내려놓자, 즉시 웨이터가 나타났다.

"주문하시겠습니까?"

"네. 양송이 구이와 지중해식 샐러드, 송아지 판타렐라로 주세요."

"알겠습니다."

웨이터는 내 저녁식사 파트너 쪽으로 몸을 돌렸다.

"선생님은요?"

"토마토 아티초크 수프와 토르텔리니 샐러드, 연어 필레로 하죠."

'빵과 와인만 먹더니 많이 발전했는걸······.'

웨이터가 메뉴판을 갖고 사라지자, '예수'는 의자에 기대며 와인을 한 모금 마시곤, 대화다운 대화를 여는 첫 마디를 던졌다.

"가족들 얘기 좀 해주세요."

"이미 알고 계시지 않나요?"

나는 교묘히 질문을 피했다.

"유다에게 알아보라고 시켰는데, 별 소득이 없었나 보죠?"

그는 내가 종교나 성경에 일자무식일 거라 넘겨짚었을 테지만, 나도 주일학교에 나갈 만큼은 나갔다. 물론 그곳에 있는 일분일초가 죽도록 싫었다. 어머니는 결국 아버지를 교회에 정나미가 뚝 떨어지게 만들어 놓더니 그 다음에는 엘렌과 쉘과 나를 데려가곤 하셨다. 당신의 자녀들도 적어도 한 번은 교회의 좋은 영향을 받아야 한다는 것이 그 이유였다. 그때 열여섯 살이었던 스테이시 누나는 당당히 거부했다. 나도 그러고 싶었지만 동생이라는 처지는 누리는 권한도 제한돼 있었다.

그래서 난 교회에 갔다. 목사님이 설교하는 동안 쪽지를 전달하고, 잘근잘근 씹은 종이 뭉치를 여자애들에게 뱉고, 모금 접시에서 성금을 슬쩍했다. 선생님들 대부분은 별 특징이 없었다. 몇 안 되는 남자 선생님들은 회반죽으로 빚어 놓은 듯한 미소를 지으며 진심으로 좋아서 그곳에 있는 것처럼 보이려고 애썼고, 여자 선생님들은 남자애들이 플란넬판에 적힌 성경 이야기를 정말로 좋아한다고 굳게 믿었다.

월라드 선생님이 그 대표적인 인물이었다. 그녀가 입에 달고 다니는 성경 구절은 '네 이웃을 네 몸과 같이 사랑하라'였다. 그러나 누군가 눈썹을 씰룩거리기만 해도 당장 귀를 붙잡고 앞으로 끌고 나가서 '남에게 대접을 받고자 하는 대로 너희도 남을 대접하라'를 100번씩 쓰게 했다. 그 선생님도 남에게 그런 대접을 받고 싶었던 건지도 모르겠다.

교회에 본받을 사람은 없었지만, 성경에 나오는 몇 가지 이야기는 내 머릿속에 확실히 입력돼 있었다. 착한 사마리아인, 나쁜 사마리아인, 보통 사마리아인. 이 남자를 잠시 상대해 줄 만큼은 알고 있었다.

"내가 하자는 대로 한번 장단을 맞춰 주시는 건 어때요?"

유다를 들먹거린 내 대답은 아랑곳없이 그는 질문으로 대답을 대신했다.

"선생의 집안은 어디 출신인가요?"

나는 이렇게 쉽게 이 남자를 놔줄 마음이 없었다. 애초에 예수를 사칭한 건 이 사람이지 내가 아니다. 그러니 그는 예수 역할에 충실해야만 했다.

"난 당신 집안이 더 궁금한데요, 예쉬."

능글거리는 웃음이 내 얼굴에 스멀거리고 있었다.

"요셉과 마리아 얘기 좀 해주시죠."

"어린 시절을 나사렛에서 보낸 건 시카고에서 보낸 당신의 어린 시절과는 좀 달랐어요. 아주 기다란 핫도그나 리글리(시카고 컵스의 홈구장―옮긴이)의 크래커잭스는 못 먹어 봤죠."

남자는 바로 치고 들어왔다.

"아, 그래요?"

나는 비꼬는 투로 대답했다.

'시카고, 그것도 아버지와 내가 토요일마다 갔던 리글리 야구장을 들먹이다니 웃기는군.'

그는 대화를 이어갔다.

"요셉은 좋은 아버지였어요. 일을 많이 하셔야 하긴 했어도, 요즘처럼은 아니었죠. 집 옆에 아버지 가게가 딸려 있었는데, 일손이 바쁜 건 아니었어요. 아버진 내가 오는 소리가 들릴 때만 바빠지셨죠. 항상 내가 손대기 전에 하던 일을 다 마치려고 하셨거든요."

그는 손을 턱에 괴고, 눈길을 딴 데로 돌리더니 웃었다.

"그때 아버지가 만들고 계셨던 걸 내가 여러 개 망쳐 놨어요. 식탁 같은 걸 만들고 계시면 돕고 싶었죠. 하지만 여덟 살짜리가 해봤자죠. 아버지는 내가 '도와준' 작품들을 처음부터 다시 만들곤 하셨어요. 어떤 건 아버지가 그냥 쓰셨고, 이웃에서 저만의 독특한 손때가 묻은 미완성품들을 고맙게 받아주기도 했죠."

나는 한편으론 얘기를 귀담아 들으면서, 다른 한편으론 열심히 그를 분석했다. 녀석들이 예수 역에 전문 배우를 기용한 것이 틀림없었다. 정말로 나사렛에서 자란 사람처럼 말하고 있었다. 연기력 하나는 정말 '훌륭했다.'

마리아에 대해 물어보려는데, 웨이터가 따끈한 빵과 시금치 스프레드를 들고 왔다. '예수'가 얇게 썬 빵 한 조각을 나에게 내밀었다.

"드실래요?"

나는 빵을 받아 들고, 예수의 집안 내력을 더 듣기 전에 스프레드를 발랐다.

"그러니까 요셉은 그저 평범한 아버지네요. 그럼 마리아는 어땠나요? 그렇게 존경받는 어머니 밑에서 아들 노릇하려면 참 힘들었겠어요."

남자는 키득거렸다. 재미있어선지 당황스러워선지 알 수가 없었다.

"존경을 받다뇨. 오히려 왕따에 가까웠죠. 결혼도 하기 전에 아이를 가졌으니……."

"유대교 율법이 그렇잖소."

유대교 분위기에 묻혀 보려고 내가 끼어들었다. 그는 멈칫했다.

"그래도 그러면 안 되죠."

"그림을 보면 하나같이 마리아는 천사를 만나고 있거나 당신을 돌보거나 아니면 당신을 십자가에서 떼내고 있는 모습인데, 그 와중에도 할 건 다 했나 보죠?"

질문의 도가 좀 지나친 듯했지만 예수 역에 빠진 남자를 흔들어 깨울 필요가 있었다. 너무 태연스레 연기를 하고 있었으니까. 그러나 이것조차 그를 당혹스럽게 만들지 못했다. 그저 빵을 조금 먹더니 얘기를 계속했다.

"정말 훌륭한 어머니셨어요. 어머니를 지탱해 준 것은 믿음과 유머감각이었죠. 어머니는 내가 어렸을 때 '내 아버지(요셉이 아닌 하나님을 가리킴—옮긴이)의 일'에 대해서 했던 말(예수의 나이 12세 때 예루살렘 성전을 방문한 예수의 부모가 아들이 없어진 것을 알고 사흘을 찾아 헤매다 예루살렘에서 선생님들과 함께 있는 아들을 보고 꾸짖자 '어찌하여 나를 찾으셨나이까. 내가 내 아버지 집에 있어야 될 줄을 알지 못하셨나이까'

〔누가복음 2장 41절-50절〕라며 자신이 타고난 하나님의 사역 의무를 처음으로 밝히는 대목―옮긴이)을 누누이 상기시키셨죠. 누군가 날 찾으러 집에 오면 어머니는 '어디 있는지 모른다. 하나님의 일을 하러 나갔다'고 말하곤 하셨어요. 내가 커갈수록 '네 아버지의 일이 여자를 만나 정착해 사는 거라고 생각하니?'라고 묻는 횟수도 늘어났고요."

미소를 머금고 있던 그의 얼굴이 이내 어두워졌다.

"내가 마침내 설교를 시작하면서부터 어머니가 더 힘들어지셨죠. 아들이 하루는 하늘 높이 떠받듦을 받다가 바로 다음 날은 악마로 지탄받는 걸 지켜보셨으니…… 생각보다 힘드셨을 거예요."

'필 박사가 하는 텔레비전 쇼에 나가 상담이라도 받아 보셨어야지. 그 사람이라면 도움이 됐을 텐데.'

나는 이 뻔한 스토리에 싫증이 나기 시작했다.

"이봐요, 성경 한 권에 상상력을 보태서 만들어 낼 수 있는 얘기가 겨우 이거밖에 안 됩니까? 이런 감상적인 요셉과 마리아 이야기 말고 좀 더 그럴듯한 얘기를 꾸며 내는 게 좋을 거요."

"왜요?"

질문 한번 잘했다. 예수 흉내를 내는 남자에게서 도대체 무엇을 기대했단 말인가? 난 이것보단 재미있을 거라고 생각했던 것 같다. 래리 킹은 역사적 인물을 통틀어 가장 인터뷰해 보고 싶은 사람으로 예수를 꼽았었다.

예수 그리스도와의 대담, 아니 그리스도 사칭꾼과의 대담일지라도 이것보다는 흥미진진해야 했다. 이 남자는 틀림없이 구닥다리 성경 이야기의 재탕이 아닌 뭔가를 생각해 두고 있어야 했다.

"내가 예수라는 걸 납득시키기 위해 할 수 있는 얘기는 많지 않습니다."

그의 목소리에 나는 현실로 돌아왔다.

"이제야 사실 한 가지가 나오는군요."

"제안이 하나 있습니다. 불신을 중단하고, 내가 진짜 예수인 것처럼 대화를 해보는 건 어떨까요? 예수가 실제 앞에 있다면 묻고 싶은 게 있지 않나요?"

나쁜 생각은 아니었다. 그의 진짜 정체를 알아내려고 하는 통에 대화엔 전혀 진전이 없었다. 게다가 그 편이 훨씬 흥미로울 수 있었다. 이 자가 자기 분야에 정통하다고 가정한다면 정말로 오랜만에, 그러니까 노던일리노이 대학 시절 이후로 최고의 철학적인 토론을 해볼 수 있을지도 모른다. 그때는 칸트와 키에르케고르, 심지어 파인만에 대해서도 토론을 벌이곤 했다. 지금은 고작해야 매티가 억지로 주입시키는 엉터리 육아책들에 관해 이야기하는 게 전부지만 말이다.

"좋소."

나는 대답했다.

"그럼 하나 물어봅시다. 요전 날 요 앞 길가에 있는 교회를 지나가는데 표지판에 '누구도 나를 통하지 않고는 아버지께로 갈 수 없다.—예수'라고 써 있던데, 당신이 정말 이 말을 했다면…… 완전히 헛소리를 한 거요."

"토마토 아티초크 수프입니다."

나는 몸을 움츠렸다. 웨이터가 끼어들면서 모처럼 벌인 판이 깨져 버렸다. 방금 첫 한 방을 날려 이 사기극을 동요시켰는데, 웨이터의 방해로 남자는 정신을 가다듬을 시간을 벌게 됐다. 남자의 음식이 먼저 서빙되었다. 그런 다음 에두아르도는 내 것도 가져다 놓았다.

"양송이 구이입니다."

나는 건너편의 '예수'를 바라보았다. 수저를 들 기미가 보이지 않았다.

'아, 그럼 그렇지. 이젠 나한테 식사 기도를 해달라고 할

셈인가?

"저는 식사 전에 보통 짧게 감사의 기도를 합니다. 괜찮겠습니까?"

"좋을 대로"라고 짧게 대답하고 싶었지만, "그럼요. 괜찮습니다"가 튀어나와 버렸다.

그는 천장을 향해 고개를 들었다. 눈은 계속 뜨고 있었다. 내가 놓치고 못 본 것이 있나 싶어 그의 시선을 따라갈 수밖에 없었다.

"하나님, 당신이 사랑하시는 저희에게 늘 일용할 양식을 주셔서 감사합니다."

그는 고개를 내리고, 수저를 들어 수프를 떴다.

"그게 다인가요?"

내가 물었다.

"더 하고 싶은 말이라도?"

"아뇨. 그 안에 다 포함되는 것 같네요."

나는 포크를 들어 양송이 하나를 찍었다.

우리는 한동안 조용히 앉아서 각자의 애피타이저를 먹었다. 어떻게 하면 아까 질문으로 돌아갈 수 있을지 궁리하던 참에 남자가 대신 해결해 주었다.

"왜 내 말이 틀렸다는 거죠?"

남자가 물었다.

"세상 사람들은 다양한 종교를 갖고 있고, 역시 여러 다양한 방식으로 각자의 신을 섬기는데, 예수는 오직 자기 방식만 옳다고 주장하고 있지 않소?"

"그렇게 말씀하시는 건 곤란……."

"당연히 곤란하시겠죠! 예수의 방식이 마호메트나 부처 혹은 공자의 방식보다 낫다고 누가 말할 수 있죠? 물론 힌두교의 경우엔 그런 사람이 없지만요."

'어떤 종교가 창시자가 있고, 어떤 종교가 없는지 내가 안다는 사실을 알아챘을까?'

"힌두교가 옳다고 생각하세요?"

그가 물었다.

"그거야 모르죠. 내 친구 데이브와 폴라가 힌두교 관련 서적을 읽던데, 그 친구들한테는 잘 맞는 것 같더군요."

그는 빵 한 조각을 집더니 시금치 스프레드를 발랐다.

"힌두교가 잘 맞다고 생각하는지를 물어본 게 아니라, 그게 옳다고 생각하는지를 묻는 겁니다."

"그게 그 사람들에게 잘 맞는다면, 그 사람들한테는 옳은 거 아니겠소."

그는 빵을 한 입 물고는 어떻게 대답할지 고민하는 것 같았다.

"코페르니쿠스 이전에는 대부분의 사람들이 지구가 평평하다고 믿었습니다. 그건 거짓이었지만, 그들은 그걸 믿었습니다. 왜일까요?"

"그때는 그게 그다지 중요한 문제가 아니었겠죠. 콜럼버스 이전까지 사람들은 그 이론이 문제될 정도로 멀리 여행을 해본 적이 없었으니까요. 바이킹족을 제외하면요."

"인류가 지금도 지구가 평평하다고 믿고 달나라 여행을 하려고 했다면 어떻게 됐을까요?"

"그러니까 당신 말은……."

"사람들이 믿었던 것은 비록 그게 어느 정도 사실이 아니라고 해도 문제가 되지 않았죠. 그러나 중대한 시점에 이르면 그 믿음은 효력을 상실하게 됩니다."

"그래서……."

"저보다 더 잘 아시겠군요. 석사 학위를 가진 분은 선생이니까요."

"경영학이지 철학이 아닙니다."

"그래도 좀 더 생각해 봐야 했잖아요."

그는 수저를 들었다.

내가 어떻게 공격을 피했는지 모르겠지만, 지금은 내 골인 지점 근처에 와 있었다. 하지만 같이 장단을 맞춰 보자고 결심했다. 게다가 솔직히 말하자면, 대화가 조금 재미있어지기 시작했다.

"그러니까 당신 말은 어떤 믿음 체계가 누군가에게 어느 정도까지는 도움이 된다 해도, 그게 거짓이라면 결국엔 붕괴하고 말 것이란 뜻인가요?"

그가 앞쪽으로 몸을 기울였다.

"또 자신이 절대적으로 믿고 있는 것이 틀린 것이기를 바라지 않죠."

그는 잠시 꿈쩍없더니 내 앞으로 바짝 다가왔다.

"선생은 과학자입니다."

"과학자였었죠."

"그리고 노던일리노이 대학에서 비교종교학 수업을 들으셨습니다. 어떻습니까? 힌두교가 선생이 알고 있는 세계와 맞아떨어지던가요?"

"당신이 어떻게……?"

'하지만 지금 그걸 알아서 어쩌겠어? 이 자는 나를 포함해 오늘 벌어질 이 상황을 철저히 사전 조사한 것 같은데. 이 자가 알아낸 것이 바닥나길 바라는 수밖에.'

나는 그의 질문으로 돌아왔다.

"예전에 배운 것을 되짚어 보면 힌두교는 우주가 단순히 총체적인 우주 원리의 연장선상에 있다고 가르칩니다. 이 총체적인 우주의 원리를……."

"브라만이라고 하죠."

"네, 브라만. 절대적인 경지."

"따라서 신은 우주이고, 우주는 곧 신입니다."

"맞아요. 창조주가 단독으로 존재하지 않죠."

그는 의자 안으로 깊숙이 몸을 묻었다.

"우주가 언제부터 존재해 왔을까요?"

"글쎄요, 일부 힌두교도들은 늘 존재해 왔다고 말합니다. 브라만이 영원하니 우주도 영원하다고."

"그게 천문학자들이 지난 세기에 알아낸 사실과 잘 맞아떨어집니까?"

나는 잠시 생각에 빠졌다.

"아주 잘 들어맞진 않죠."

나는 인정했다. 대학 때 천문학을 좋아하긴 했지만(천문학으로 먹고 살 수만 있었어도 천문학을 전공했을 것이다) 그 길로 들어설 생각은 해보지 않았다.

"모든 증거가 우주가 시작된 시점을 보여주고 있으니까요. 아마도 150억 년 전일 겁니다."

"그 숫자가 틀렸다면요?"

"그렇다 해도 우주는 영원할 수 없습니다. 열역학 제2법칙. 고립계 안에서는 결국 모든 것이 축소된다. 수억만 년 된 우주에서라면 새로운 별이나 은하계가 생성되는 것을 볼 수 없게 될 겁니다. 모두 점점 작아져서 더 이상 생산 에너지가 남아 있지 않게 되는 거죠. 프레드 호일Fred Hoyle 같은 천문학자들은 우주가 영원히 지속된다는 정상우주론을 주장했었지만 이제는 누구도 그 이론을 인정하지 않죠."

'예수'는 몸을 앞으로 기울여 테이블 위에서 손가락을 가볍게 튕겼다.

"그래서 힌두교가 옳다면 어째서 우주가 지금의 상태가 된 거죠?"

"모르겠소."

그가 웃었다.

"그건 저도 모릅니다."

그는 나와 동시에 빵을 두어 번 베어 물고 난 뒤 다시 이야기를 시작했다.

"힌두교의 현실 묘사에는 다른 문제도 있습니다."

"예를 들면?"

"우선 도덕성이 그렇죠. 인간은 매우 도덕적인 존재입니다. 모든 사회, 심지어 원시 사회라 할지라도 복잡하면서도 유사한 도덕률이 있죠."

"그렇죠."

"자, 그럼 하나 묻죠. 힌두교에서 도덕성의 근본은 무엇인가요? 브라만이 옳고 그름을 정하나요?"

나는 접시에서 빵을 집어 들고, 아주 잠깐 그 질문에 대해 생각해 봤다.

"아뇨, 브라만은 도덕을 초월합니다. 우주 원리가 있어서 어느 것도 궁극적으로 옳거나 틀리지 않아요. 간단하죠."

"그럼 만물의 근원인 브라만이 도덕과 상관이 없다면 도덕성의 근본은 뭐죠? 본질적으로 옳거나 그르다고 말할 수 있는 게 뭐죠?"

"우리 인간 아닌가요?"

"그렇지만 인간은 초도덕적인 브라만의 연장이라면서요?"

이 질문에는 대답할 말이 없었다. 그는 얘기를 계속했다.

"힌두교는 인간의 개성에 대해서도 이와 유사한 주장을 하죠. 사람들이 스스로에 대해 가장 잘 이해하고 있는 것 중 하나가 바로 개성입니다. 그것은 곧 인간이라는 뜻이기도 하죠. 힌두교가 개성에 대해 어떻게 설명하고 있는지 기억나세요?"

"물론이죠. '개성은 환상이다.' 우주와 일체가 되기 위해서는 개성을 포기해야 하죠."

"가장 소중한 자신의 일부가 환상이라는 거군요. 어느 날 자기 자신은 브라만으로 재흡수되어 개성을 잃게 되는 거네요."

인정할 수밖에 없었다. 지금처럼 이 주장이 그렇게 설득력 있게 들린 것은 처음이었다.

"만약 개성이 환상이라면…… 왜 인간은 저마다 그토록 제각각인 거죠? 어떻게 비개인적인 우주 원리에서 그토록 독특한 개개인이 나올 수 있었을까요?"

"하지만 이런 주장은 동양의 모든 종교에 해당될 수 있습니다."

"그럼요. 그 종교들이 안고 있는 문제가 바로 이겁니다. 세계는 그들이 그리는 모습과 다르죠. 그들은 생명을 이해하는 방법을 제시하고 있지만, 그건 그릇된 이해인 거죠."

그는 뒤로 몸을 기대고는 입술을 훔쳤다.

"불교에 대해 기억나시는 게 있나요?"

불교는 항상 힌두교보다는 이해하기가 조금 더 쉬웠다. 불교의 네 가지 숭고한 진리(불교의 실천원리 '사성제'로 고성제, 집성제, 멸성제, 도성제를 말함―옮긴이)와 여덟 가지 바른 길(팔정도, 사람들이 고통의 원인을 없애고 깨달음의 경지로 나아가기 위해 실천 수행해야 하는 여덟 가지 길―옮긴이)은 결코 잊을 수가 없었다. 그 하나하나를 열거할 순 없지만, 그 속에 담긴 주요 사상은 기억하고 있었다.

"불교는 기본적인 세계관이 힌두교와 비슷해요. 불교에서 말하는 최고의 경지는 열반이라는 추상적인 공空의 상태입니다. 팔정도를 거치고, 자신 안에 있는 모든 집착과 욕망을 불식시킨 후에 열반에 이르게 되죠. 일단 그 모든 속박을 제거하면 모든 고통이 끝납니다."

그는 와인잔을 들어 자기 얼굴 앞으로 가져갔다. 와인잔을 통해 이상하게 일그러진 얼굴로 날 바라보았다. 그리곤 시야에서 비켜서 들었다.

"누군가 이 잔을 잘 만들었네요. 이 잔에도 집요한 장인 정신이 깃들어 있습니다."

"아마도."

"열정을 가진 사람들 없이 인류가 성취한 것이 얼마나 되죠?"

"그리 많지 않죠."

나는 동의했다.

"선생은 생물학 공부를 많이 하셨죠. 우리에게 즐거움을 느끼게 하는 지각신경세포가 우리 피부에 몇 개나 있나요?"

"수백만 개 됩니다."

"그렇다면 비개인적인 우주는 강렬한 욕망과 쾌락을 느낄 수 있는 지극히 개인적인 모습으로 존재해 왔으면서도, 삶의 목표는 모든 욕망을 부정하는 것이군요."

그는 잔을 내려놓았다.

"그런 말은 아니죠."

하지만 틀린 말은 아니었다.

"혹시 당시 인도에서 고통이 너무 커서 부처 고타마 싯다르타는 그 고통을 합리화할 설명을 만들어 냈고, 그 고통을 누그러뜨리는 데 바탕을 둔 거대한 믿음 체계를 발전시킨 건 아닐까요?"

내가 미처 대답하기도 전에 내 오른쪽에서 웨이터가 나타났다.

"버섯 다 드신 건가요, 손님?"

나는 남아 있는 두 개의 버섯을 어떻게 할지 잠깐 망설였다.

"네."

웨이터가 내 앞에 놓인 접시를 치웠다. 웨이터가 적절한 때에 끼어든 것이다. 동양의 종교에 대해 더 얘기했다간 내 무지가 들통날 판이었다. 한 가지는 확실했다. 나는 이 남자와 종교판 트리비얼 퍼숫 게임(Trivial Pursuit. 퀴즈 형식의 보드게임—옮긴이)을 할 생각이 없었다. 내 머리로는 이해하기 어려운 수준까지 가는 위험을 무릅쓰고라도 나는 이 남자가 기독교와 좀 더 가까운 종교에 대해서는 뭐라고 말할지 알고 싶었다.

"이슬람교는 어떨까요?"

내가 먼저 질문을 던졌다.

"범신론적인 종교들은 성립이 안 되지만, 이슬람교는 성서에 나오는 하나님을 믿지 않습니까? 어떻게 이들이 믿는 하나님은 잘못됐고, 예수는 옳다고 말할 수 있죠?"

그는 물컵 쪽으로 손을 뻗으면서 대답했다.

"그건 하나님이 실제로 마호메트에게 계시를 했느냐에 달려 있지 않을까요? 한 사람이 쓴 글에 너무 많은 의미를 부여하고 있는 건 아닌가요? 더구나 계시를 들은 후 하나님으로부터 들은 건지 확신하지 못했던 사람입니다. 끊임없이 자살 충동에 시달렸는가 하면, 지지 기반 확장 수단의 하나로 무력을 동원해 정복하고, 적을 살인하는 행위를 용인하고, 무엇보다 아홉 살 소녀와 혼인했습니다."

"누가 그래요? 무력 정복을 빼고는 처음 듣는 얘긴데요."

"이슬람 경전들에 나오는 내용입니다. 몇 개만 꼽으면 《시라트 라술 알라 Sirat Rasul Allah》, 부하리와 무슬림, 아부 다우드의 하디스 전집, 《알타바리 역사 The History of al-Tabari》 등이죠."

나는 그의 주장을 반박할 근거가 전혀 없었기 때문에 처음 질문으로 돌아갔다.

"그렇지만 기독교에 대해서도 그와 똑같은 얘기를 할 수 있잖소. 기독교도 하나님이 누군가에게 계시를 했느냐를 중심으로 삼고 있으니까."

"아뇨, 성경은 1,500년에 걸쳐 40명이 넘는 저술자가 있었으며, 일관된 하나의 메시지를 전하고 있습니다. 그 메시지는 또한 성스러운 기원을 반박하는 게 아니라 인정합니다."

"그렇다 해도, 하나님이 마호메트에게 계시를 하지 않았다고 누가 말할 수 있죠?"

"하나님의 계시를 받았다고 해도 마호메트는 하나님의 말을 제대로 이해하지 못했습니다."

"예를 들면?"

"마호메트는 내가 절대 십자가에 못 박히지 않았으며 하나님의 천사들이 나를 구해 그대로 하늘로 데려갔다고 썼습니다."

"예수 말이군요?"

"네, 그래요."

이 남자가 예수냐, 예수가 아니냐는 논쟁은 다시 들추지 않기로 했다.

"마호메트 말이 맞았을지도 모르죠."

내 말에 그는 얼핏 미소를 내비쳤다.

"아뇨, 틀렸습니다."

"아, 제가 깜빡했네요. 그 자리에 계셨겠군요."

"그렇다고 저한테 물어보실 필요는 없습니다."

그는 내 말은 무시한 채 하던 얘기를 계속했다.

"내가 십자가에 못 박힌 일은 초기 기독교인뿐 아니라, 당시에 기독교를 믿지 않았던 역사학자들도 역사에 기록했으니까요. 그 사건을 부정해 버리면, 고대사에 대해 선생이 알고 있는 모든 것을 부정해야 합니다."

이의를 달 수가 없었다. 예수의 부활은 반박할 수 있어도, '예수의 수난'은 분명한 사실이었다. 다른 질문을 하려는데 그가 얘기를 계속했다.

"이슬람은 이외에도 사실이 아닌 것을 가르칩니다."

"어떤 거죠?"

"성경이 시대를 거치면서 변질되어 왔기 때문에 오늘날 우리가 아는 성경은 심하게 왜곡되어서 믿을 수 없다는 거죠."

"그래서요?"

"그렇지 않거든요. 이 분야의 학자라면 누구라도 동의할 겁니다. 무엇보다 사해문서(Dead Sea Scrolls. 사해 서안의 쿰란 동굴에서 발견된 성서 사본—옮긴이)는 히브리 성서의 신뢰성을 증명하고 있습니다. 또 신약성서가 진실임을 입증해주는 초기 문서가 5천 개가 넘게 있고요. 애초의 저술자들이 쓴 그대로인 거죠. 성경으로 뭘 할지는 각자의 자유이지만, 지금 성경이 진본이라는 것은 의심할 수 없습니다."

남자는 와인잔을 세팅된 식기 제일 위쪽으로 옮겨 놓았다.

"그렇지만 그게 이슬람의 가장 큰 문제는 아니지요."

"그럼 이슬람의 가장 큰 문제는 뭐죠?"

그는 잠시 홀 안을 둘러보았다. 뭔가를 찾는 듯하다가 다시 내 눈을 바라보았다.

"선생의 가장 깊은 욕망은 무엇인가요?"

'무슨 의도로 저런 질문을 하는 거지?'

"그 질문에 별로 대답하고 싶지 않은데요."

"그럼 일반적으로 얘기해 보죠. 사람들이 가슴 깊이 갈망하는 게 뭘까요?"

"임금 인상?"

농담이었다. 아니, 반만 농담이었다. 그는 대답이 없었다.

나는 내 주위를 힐끗 둘러보며 생각해 보았다. 라비올리 남자와 그의 여자는 깨끗이 치워진 테이블을 사이에 두고 뚫어져라 서로를 응시하고 있었다. 나는 맞은편의 만찬 초대자에게 시선을 돌리며 말했다.

"사람들의 가장 큰 욕망은 사랑받는 것 아닐까요?"

그는 앞으로 몸을 기울였다.

"개인적으로 접근하려는 의도는 아니지만, 닉, 개인적인 경험에 비춰 볼 때, 다른 사람이 그 사랑에 대한 갈망을 채워 준 적이 있었나요?"

조금 전보다 부드러워진 목소리였다.

'의도이든 아니든, 지나치게 개인적으로 접근하고 있는 게 맞아. 이슬람 얘기를 하다 말고 이게 무슨 소리지?'

나는 시선을 피하고 싶은 충동을 자제하긴 했지만 의자 뒤로 물러나 앉았다. 그리고 아버지와 매티, 그리고 노던일리노이 대학 시절 여자 친구였던 엘리자베스를 떠올렸다.

"아뇨, 별로요."

"그건 다른 사람은 결코 채워 줄 수 없기 때문이에요. 하나님만이 할 수 있죠. 하나님이 인간을 그렇게 만드셨거든요. 하지만 이슬람교를 믿는 사람들은 그런 걸 감히 꿈꾸지 않아요. 알라신과 개인적인 관계가 될 수 없으니까. 알라신은 멀찍이 떨어져서 경배하고 섬겨야 할 대상이니까요. 심지어 천국에서조차요. 알라신은 인간의 마음속 깊은 욕망을 채워 주지 않습니다. 인간을 이렇게 깊은 욕망을 지닌 운명으로 태어나게 하고는, 왜 그 욕망을 채워 주려 하지 않는 거죠?"

나는 잠시 그를 바라보다가 와인잔을 들어 한 모금 마셨다.

"이슬람인들이라고 모든 답을 알고 있는 건 아니겠죠. 누가 그 답을 다 알겠습니까?"

"그럼요. 그들은 모릅니다. 안다고 생각할 뿐이죠."

그의 말투에서 비웃음도 거만함도 아닌, 슬픔이 아주 엷게 묻어났다. 연이은 침묵에 어색해져서 강 쪽을 바라보았으나 내 얼굴과 그의 뒷모습이 창에 비칠 뿐이었다.

"신이 존재하지조차 않는다면 어떨까요? 아마도 물질계만이 존재하겠죠."

이 말을 듣고 나는 다시 그를 바라보았다.

"로저 펜로즈Roger Penrose를 알고 있군요."

"네. 블랙홀 이론을 정립한 사람 중 하나죠."

"우주에서 어떤 우발적인 사건이 일어나서 혼돈이 아닌 질서정연한 하나의 우주를 생성시킬 확률을 로저 펜로즈Roger가 얼마로 계산했는지 아세요?"

펜로즈의 계산에 대해 읽은 바는 없지만, 호킹이나 다이슨, 그 밖의 과학자들이 그 비슷한 말을 했던 건 읽었다.

"1백만분의 1?"

나는 대충 때려 맞췄다.

"1천억의 123제곱분의 1이었죠."

"불가능이나 다름없군요."

"그것도 대우주만 따진 것이죠. 대단히 복잡한 구조를 지닌 생물체의 생성은 제외한 것입니다."

이 점은 그의 말이 옳았다. 우주론을 공부하면 할수록 우주의 이러한 구조가 명확해졌다. 우주가 우발적으로 생성되었을 가능성을 주창하는 사람들은 과학적인 근거보다는 철학적인 의도에서였을 거라는 게 내 생각이었다.

나는 빵을 집어서 이번에는 버터를 발라 한 입 베어 물었다.

"네, 좋아요. 단지 물리적인 존재가 아닌 초월적인 존재가 있어야만 한다는 데 동의합니다. 그리고 다른 종교들의 허점을 제대로 꼬집고 계신 것 같군요. 그렇지만 내가 보기에 기독교를 포함한 모든 종교가 가는 길만 다를 뿐 결국 같은 곳을 향하고 있는 것 같아요. 모두가 신을 찾고 있는 거죠. 그리고……."

"선생도 그런가요?"

기습 질문이 내 허를 찔렀다.

'내가 신을 찾고 있었나? 내 생활을 옆에서 지켜보면 아무도 그런 생각을 못할 텐데.'

이 질문은 무시하기로 했다.

"방금 말했듯이 모든 사람들이 각자의 방식으로 신을 찾고 있는 것 같소. 난 내 친구 데이브와 폴라가 다니는 교회가 그래서 좋습니다. 그들은 모든 사람의 믿음을 포용하고 그들이 신에게로 가는 길을 찾도록 도와주려고 노력합니다."

"거기에 한 가지 문제가 있습니다."

남자가 말했다.

"뭐죠?"

"신에게로 가는 길이 없다는 거죠."

예수라고 주장하는 사람의 입에서 이런 말이 나올 줄은 정말 몰랐다.

샐러드
THE SALAD

　언제부터인지 웨이터가 내 오른쪽에서 샐러드를 들고 머뭇거리고 있다 대화가 잠깐 끊긴 틈을 타 다가왔다. '심각한' 대화를 방해하고 싶지 않았던 것 같았다. 이번 대화는 그런 대로 괜찮았다. 내가 어쩌다 하나님 논쟁에 휘말렸는지 모르지만, 대학 때 자신의 권위적인 논리를 펴던 비교종교학 교수보다는 솔깃한 얘기였다. 우리는 그 교수의 지루한 강의 스타일 때문에 '수면제'라고 불렀었다.

　맞은편에 놓인 토르텔리니 샐러드가 내 기억을 일깨웠다. '매티가 저걸 주문했었지. 정말 맛있었는데. 뭐, 할 수 없지.' 내 샐러드를 가까이 당겨 놓고 새 포크를 들었다.

"토르텔리니 좀 드실래요?"

남자가 자신의 샐러드를 가리키며 권했다. 대답할 겨를도 없이 그는 내 빈 접시를 가져다가 자기 샐러드의 반을 뚝 떼어 옮겨 담고는 내게 내밀었다.

"그건 너무 많은데요."

나는 정중하게 사양했다.

"이 집은 두 사람이 먹어도 될 만큼 양이 많아요. 혼자 먹기엔 많습니다."

음식량에 대해선 그의 말이 옳았기에, 토를 달 마음이 없었다. 접시를 받아 들고 내가 시킨 샐러드는 한쪽으로 밀어놓았다.

"잘 먹을게요."

한 입 먹었다.

"이거 정말 끝내주는 맛인데요."

나는 두세 번을 더 떠먹고 난 뒤 하던 얘기로 돌아갔다.

"신을 만나러 가는 길이 없다니 무슨 뜻이죠? 모든 종교가 신에게 이르게 해주겠다고 떠들고 있잖소."

"아, 신에게 이르는 길은 있습니다. 스스로 찾아갈 수 있는 길은 없지만요."

도통 이해되지 않는 말이었다. 남자는 내 얼굴 표정에서 나의 혼란을 읽어 낸 것 같았다.

"그러니까 제 말은, 어떤 목적지에 도달하기 위해 혼자 힘으로 길을 내서 신에게 이르는, 그런 길이 없다는 뜻입니다. 신에게 가는 길을 찾으려고 스스로 할 수 있는 일은 아무것도 없다는 거죠. 그런 건 존재하지 않아요. 그건……."

"잠깐만요. 그건 모든 종교가 추구하는 거 아닌가요? 신에게 다다르고자 하는 거요. 어떻게 그걸 부정할 수 있죠?"

남자는 샐러드를 몇 번 더 집어 먹고는 대답했다.

"어렸을 때 말썽 일으킨 적 있으세요?"

"지금 화제를 돌리는 건가요?"

"다시 돌아옵니다."

내 얘기를 더 이상 하고 싶지는 않았다. 내가 좋아하는 이야깃거리였지만 낯선 남자에게 들려주긴 싫었다.

"내가 말썽을 일으킨 역사를 전부 풀어놓자면 이 식당이 문 닫을 때까지 해도 모자를 거요."

그가 싱긋 웃었다.

"그렇게 심했어요? 가장 화려했던 전력 하나만 얘기해 주세요."

나는 내가 주문한 샐러드를 맛보았다. 그러면서도 마음은 벌써 처음으로 매 맞았던 일, 할로윈데이 때 짓궂은 장난을 쳤던 일, 여동생 엘렌을 못살게 군 일, 고등학교 때 교사 휴게실에 발연탄을 터트리기로 한 계획을 수포로 돌아가게 한 일, 그리고…… 현재의 얘기까지 꺼낼 필요는 없다. 다시 과거로 거슬러 올라갔다.

"네 살 때 어머니가 크리스마스 장식물들을 만드셨는데, 북치는 소년의 작은 북이었죠. 그것들을 어디에 쓰려고 만드셨는지는 모르지만, 아무튼 어머니는 북 측면을 녹색과 빨간색 종이로 씌우고, 그 위에 박하사탕을 붙여 놓으셨죠."

그는 얘기의 결말을 아는 양 웃기 시작했다.

"그렇게 만든 북들을 다용도실의 세탁기와 건조대 위에 올려놓으셨어요. 그럼 나는 거기로 몰래 숨어 들어가 북에 붙은 사탕을 하나 떼냈죠. 그런 다음 어머니가 계신 부엌을 가로질러 밖으로 나오는 겁니다. 그렇지만 몇 분 안 돼서 또 가죠. '잊어버린 게 있어서'라고 둘러대며 다용도실로 들어가는 거예요. 그렇게 세 번쯤 왔다갔다 하자 '또 잊어버린 게 있어서'가 더 이상 통하지 않았죠."

나는 혼자 키득대기 시작했다.

"어머니가 다용도실 문을 열었는데, 제가 거기 있는 거예요. 주머니에는 한가득 사탕을 넣은 채로요. 기억하기로 그때 처음 엉덩이를 맞았던 것 같아요. 사실, 때린 건 집에 돌아오신 아버지였죠. 그 역할은 항상 아버지가 맡으셨거든요. 아버지는 별로 화가 난 기색이 아니셨는데, 어머니가 너무 속상해 하셔서 매를 드실 수밖에 없었어요."

나는 순간 유년기의 추억 속으로 빠져들었다.

"한번은 아버지가 정말로 크게 화를 내신 적이 있었죠."

"언제요?"

"아홉 살 때였을 겁니다. 여동생 쉘이 다섯 살 때쯤이었고. 아이스크림을 사려고 햄버거 가게에 잠깐 들렀는데, 쉘은 큰 바닐라 셰이크를 먹겠다고 했죠. 아버지는 작은 것으로 먹으라고 구슬렸지만, 동생은 끝까지 큰 걸 우겼죠. 우리 모두 각자 주문한 것을 받아서 차로 돌아왔고, 다시 출발했어요. 쉘은 셰이크를 먹기 시작했는데, 문제는 셰이크가 너무 진해서 동생이 빨대로 먹을 수가 없었다는 거예요. 그러자 플라스틱 뚜껑을 열어 버리고, 컵을 입에 대고 기울였죠. 그래도 셰이크가 좀처럼 내려오지 않자 동생은 컵을 점점 더 기울였고, 그래도 셰이크는 꿈쩍하지 않았어요. 결국 보다 못한 내가

'쉘, 이렇게 해봐' 하며 컵을 홱 하고 수직으로 세운 거죠. 그 순간, 안에 들어 있던 게 그대로 동생의 얼굴에 쏟아졌죠. 동생이 눈을 껌뻑이니까, 하얀 아이스크림 위에 크고 동그란 갈색 구멍이 뻥 뚫렸죠."

남자는 나와 같이 웃기 시작했다.

"꼭 유령 같았어요. 나는 웃음보가 터졌고, 동생은 울음보를 터트렸어요. 그리고 아버지는 나를 큰소리로 야단치셨고요. 한 번도 그러신 적이 없었는데, 그땐 달랐어요. 아버지는 브레이크를 꽝 밟고는 차에서 내려 동생 얼굴에 묻은 셰이크를 구석구석 말끔히 닦아 내셨죠. 그런 다음 나를 무릎에 업어 놓고 그 어느 때보다 세게 때리셨어요. 정말 화가 단단히 나셨더라고요."

나는 냅킨으로 눈가를 훔쳤다. 정말 오랫동안 잊고 살았던 추억이었다. 또 그렇게 크게 웃어 본 것도 오랜만이었다.

"쉘이 바닐라 셰이크를 먹는 걸 본 것이 그게 마지막이었던 것 같아요. 그 후론 늘 초콜릿만 시키더군요."

우리 둘 다 물을 마시고, 서로를 바라보았다. 그리고 아까보다 더 키득거리며 다시 샐러드를 먹기 시작했다. 이윽고 남자가 이야기를 다소 진지하게 옮겨갔다.

"그럼 자식들 체벌은 항상 아버지 담당이셨나요?"

"그렇죠. 어머니는 그냥 소리만 지르셨죠. 그렇지만 아버지가 많이 때리신 건 아니었어요. 크면서 여섯 번도 안 맞았을 겁니다."

"왜요?"

"모르죠."

나는 왜 그런지 잠깐 생각했다.

"잘은 모르지만 그게 아버지 방식이셨어요. 아버지는 우리가 한 짓이 왜 잘못된 건지 이해시킨 다음, 꼭 상대방에게 사과하게 했죠. 특히 어머니에게요."

나는 토르텔리니를 한 입 먹고, 그는 와인을 한 모금 마셨다. 그가 말했다.

"선생의 아버님은 하나님과 공통점이 많은 것 같은데요."

그 말에 나는 샐러드를 집은 포크를 입으로 가져가다 말았다.

"어째서죠?"

"두 분 모두 관계 회복에 초점을 두셨으니까요."

그런 연관성이 얼른 이해가 가지 않았다.

"무슨 말인지……"

"부친께서는 선생이 누군가에게 어떤 상처를 주었는지 인정하게 하고, 사과하게 했습니다. 그건 멀어진 인간관계를 다시 회복시키는 일이고, 부친께선 그걸 중요하게 여기신 거죠."

'듣고 보니 그렇군. 한 번도 그렇게 생각해 보지 않았는데.'

"하나님도 그와 비슷해요."

남자는 얘기를 이어갔다.

"하나님은 사람들이 자신에게 얼마나 잘하려고 노력하는지를 중요하게 생각하지 않습니다. 잘할 수도 없고요. 하나님이 인간을 창조한 목적은 자신과도 하나의 인간적인 관계를 맺고, 자신의 사랑을 만끽하도록 하기 위해서예요. 그렇지만 인간은 신을 배척하고, 관계를 끊어 버렸죠. 하나님이 하고자 하는 일은 그 단절된 관계를 다시 잇는 것입니다."

그는 얘기를 멈추고 샐러드를 한 입 먹은 다음 포크로 나를 가리켰다.

"하나 물어보죠. 사라가 일곱 살 때 어떤 잘못을 저질렀다면, 그 벌로 접시를 몇 개나 씻어야 다시 아빠의 무릎에 앉고, 아빠 품에 안길 수 있을까요?"

"하나도 씻지 않아도 돼요."

"그럼 사라는 학교에서 A를 몇 개나 받아야 하나요?"

"그런 질문이 어딨습니까?!"

"왜요?"

"그 아인 아무것도 할 필요가 없소. 내 딸이니까."

"바로 그겁니다."

나는 고개를 숙인 채 샐러드를 좀 더 맛보았고, 천천히 목으로 넘겼다. 그리고 다시 그를 바라보았다.

"그러니까 당신 말은 우리가 하나님의 인정을 받기 위해 할 수 있는 건 아무것도 없다는 거군요."

남자는 미소를 지으며 와인병을 집었다.

"와인 더 드시겠어요?"

"그러죠."

그는 내 잔에 반 정도 와인을 따랐다. 머릿속으론 여전히 그의 마지막 말, 아니 내가 요약한 그의 말을 떨쳐버리려 애쓰고 있었다. 그의 얘기가 계속되었다.

"천국으로 가는 길을 얻고자 노력하는 이슬람교도들은 하루에 기도를 몇 번이나 해야 천국에 갈 수 있는 충분한 자격을 얻을까요?"

"모르겠는데요."

"그들도 모릅니다. 여기에 문제가 있죠. 그들은 자신이 최선을 다했는지, 기도와 금식과 자선과 성지순례를 충분히 했는지 결코 확신할 수 없습니다. 결코 알 수 없죠. 물어보시면 그렇다고 인정할 겁니다. 힌두교인들은 이생을 몇백 번 거쳐야 업보를 풀 수 있는지 알지 못합니다. 불교 신자들 역시 열반에 이르려면 얼마나 많이 노력해야 하는지 모릅니다."

"그건 기독교도 다르지 않죠. 자신이 천국에 갈 정도로 선한 사람인지 누가 알겠소?"

"아뇨, 거기엔 명백한 답이 있습니다. 답은 '결코 충분하지 않다'는 겁니다. 천국에 갈 정도로 선한 사람은 존재하지 않습니다. 아무리 열심히 노력해도 충분하지 않아요."

"그럼 교회에 나가고 돈을 기부하고 좋은 사람이 되면 천국에 갈 거라고 믿는 그 많은 사람들은 다 뭐죠? 주일학교 교사였던 윌라드 선생님은 그렇게 하면 천국에 간다고 믿었을 걸요."

"그분이 착각한 거죠. 그렇지 않아요."

기독교에 대한 내 고정관념이 흔들리기 시작했다.

"그럼 옳은 일을 많이 해도, 십계명을 잘 지켜도 천국에 못

간다고요?"

"그래요."

"그럼 왜 그런 걸 하죠?"

"하나님을 따르면 큰 이득이 생기니까요. 천국에만 못 갈 뿐이죠."

나는 말문이 막혔다. 어떻게 내가 어릴 때 교회에서 들은 것과 이처럼 다른 얘길 할 수 있지? 내가 당황해 하고 있는 걸 눈치 챘는지, 그가 이야기를 다시 시작했다.

"〈스타트랙 Star Trek〉 팬이시죠?"

나에 대한 정보를 어디서 알아냈는지 알 수 없었지만, 따지지 않기로 했다.

"〈다음 세대 The Next Generation〉를 좋아했었죠. 이후 속편들은 그다지 좋아하지 않았지만."

"우주 시간이라는 구조에 균열이 생긴 얘기가 나오는 에피소드가 있습니다. 대단히 심각한 문제죠. 그 틈을 메우지 않으면 은하계가 파괴되니까요."

"〈스타트랙〉얘기는 별로 내키지 않는데요"

"그럴지도 모르지만, 굉장한 내용이 나옵니다. 우주에 선악을 다루는 구조물이 있는데, 인간이 신에게 반란을 일으키

자, 여기에 어마어마한 균열이 생기죠. 신이 만든 우주의 운영 원리가 완전히 전복된 것입니다. 이 도덕적 구조를 깨트리고 와해시키는 것은 개개인이 지은 죄였죠."

인간이 어딘가 잘못돼도 단단히 잘못돼 있다는 건 부정하기 힘든 사실이었다. 저녁 뉴스는 그 증거들로 가득했다.

"그렇지만 인간이 정신적으로 진화하고 있지 않다고 어떻게 말할 수 있죠? 데이브와 폴라의 말처럼 어쩌면 우리는 보다 총체적인 조화를 향해 가고 있는지도 모르잖소."

솔직히 나도 납득되지 않는 소리지만, 생각해 볼 가치는 있었다. 최소한 잠깐이라도.

"하나님과 사람들의 괴리는 생각보다 매우 깊습니다. 주위를 한번 둘러보세요. 이기심, 비통, 증오, 편견, 갈취, 학대, 전쟁……. 이 모든 건 신에 대한 인간의 반란에서 비롯됩니다. 하나님이 인간을 만들 때 그렇게 살도록 만들었다고 생각하세요?"

"그중에는 좋아지고 있는 것도 있잖아요."

나는 낙관론으로 맞섰다.

"그래요?"

그의 눈썹이 치켜 올라갔다.

"지난 세기에 얼마나 많은 사람들이 자신들의 정부에 의해 살해되었는지 아세요?"

"그거야 모르죠. 1억 명쯤?"

"또 전쟁에서는 몇 명이 죽었죠?"

"그 비슷하겠죠."

"몇 세기 때 신앙 때문에 죽임을 당한 사람들이 가장 많았는지 아세요?"

"글쎄요, 지난 세기?"

"그렇습니다. 그럼 몇 세기 때 생태계 파괴와 세계 빈민 인구의 고통과 부도덕의 만연이 가장 극심했다고 생각하세요?"

"네, 무슨 말인지 알아요."

나는 온갖 인간의 병폐가 거론되는 걸 듣고 싶지 않았다.

"우주의 구조에 갈라진 틈이 있습니다."

남자는 아까 했던 말을 되풀이했다.

"하나님은 그 갈라진 간극의 이쪽에, 선생은 반대편에 서 있죠. 선생이 그 틈을 메울 수 있는 방법은 없습니다. 결코 건너편으로 건너갈 수 없죠. 선하게 살려고 노력하는 건 그 틈을 메우는 것과 아무 상관이 없습니다. 인간은 신을 거부했고, 신으로부터 멀리 떨어졌습니다. 그 관계를 다시 맺기 위해 인간이 할 수 있는 것은 아무것도 없습니다."

"왜 못 하죠?"

"왜냐하면 그 벌어진 사이를 메울 수 있을 만큼 큰 존재는 신뿐이니까요."

나는 이 자가 다음에 무슨 말을 할지 짐작이 갔다.

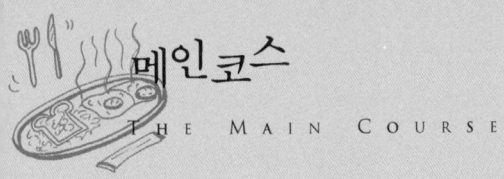

메인코스
THE MAIN COURSE

밀라노 레스토랑 같은 식당의 문제점은 메인코스가 나올 때쯤이면 배가 부르다는 것이다. 한 입도 더 못 먹을 정도는 아니어도, 최소한 야채볶음을 곁들인 송아지 판타렐라를 주문할 생각은 하지 않을 정도가 된다. 물론 그 송아지 요리가 나와서 막상 한 입 먹어 보면, 언제 그랬냐는 듯 뱃속에 들어갈 자리가 생긴다.

오래전에 나는 하나님 얘기를 배부르게 실컷 들었었다. 그때 어찌나 질렸던지 깨끗이 비워 내고 싶은 욕구가 지금까지 남아 있었다. 그런데 식사를 시작한 지 40분이 지나도록 아직 나는 이곳에 있었고, 아직 포만 상태까진 가지 않았다. 처음 있는 일이었다. 솔직히 이 남자는 내 호기심을 자극하기도 했고, 나를 당황스럽게 하기도 했다. 내 맞은편에 앉아서 오늘 저녁의 이 만남이 이 세상에서 가장 자연스러운 일인 양 연어를 먹는가 하면, 또 언제 그랬냐는 듯, 내가 주일학교에서 들은 것과는 전혀 다른 하나님에 관한 황당한 얘기를 했다.

"뭐 적을 만한 거 있으세요?"

그는 양복 상의 주머니에서 펜을 꺼냈다. 나는 지갑을 열어 뒤져 보았다.

"영수증 몇 장하고 명함뿐이 없네요."

"그거면 됩니다."

나는 명함을 뒤집어 건네주었다. 그가 물었다.

"당신이 생각하는 최고의 인물은 누군가요?"

"무슨 뜻이죠?"

"도덕적인 면에서 말하는 겁니다. 누가 최고라고 생각하세요?"

"글쎄요. 죽은 사람이요, 산 사람이요?"

"어느 쪽이든요."

"마더 테레사가 아닐까요. 성녀로 많은 추앙을 받으셨잖아요."

"그렇군요."

그는 명함의 맨 위쪽에 짤막한 선을 긋고 그 옆에 '마더 테레사'라고 적어 넣었다.

"그럼 최악의 인물은 누구라고 생각하세요?"

"글쎄요, 오사마 빈 라덴이 결국 악랄한 짓을 저지르긴 했지만, 그보다 더한 인물도 있었죠. 히틀러, 스탈린, 폴 포트."

"한 명만 고른다면요."

"히틀러."

그는 맨 아래에 역시 선을 긋고, 그 옆에 '히틀러'라고 썼다. 그리고는 명함을 내 쪽으로 돌려놓고 나에게 펜을 주었다. 나는 펜을 받아 들었다.

"자, 마더 테레사가 맨 위고, 히틀러가 맨 아래 있는데요, 여기서 선생은 어디쯤 있다고 생각하세요?"

웨이터 보조가 남자의 뒤편에서 다가와 물컵을 채웠다. 내 컵마저 채우길 기다렸다가, 다시 둘만 남게 되어서야 내가 물었다.

"그런 질문에 답할 수 있는 사람이 있을까요? 마더 테레사 근처에 이름을 적으면 잘난 척하는 꼴이고, 그렇다고 히틀러

근처에 적으면……"

뒤에 이어질 말은 말하지 않아도 뻔했다.

"그래서 어디라고 생각하시는데요?"

남자는 나의 딜레마에 미동도 않고 다시 물었다. 나는 펜을 들었다.

"여기요."

나는 중간에서 약간 위쪽, 마더 테레사에 가까운 곳에 선을 그었다.

"자, 어떤 상을 주실 건가요?"

"상은 없습니다. 그렇지만 하나님의 눈으로 본 당신의 위치를 알려드리죠."

"좋습니다."

일단 말은 그렇게 했지만, 내 점수가 몇 점인지 별로 듣고 싶진 않았다.

"사실, 이 조그만 명함 안에 모든 눈금을 넣을 순 없지만, 어쨌든 히틀러는 여기에 있습니다."

그는 맨 아래를 가리켰다.

"선생은 여기에 있다고 했고, 마더 테레사는 여기입니다. 그런데 하나님의 진짜 기준이 얼마나 높은지 감잡으려면……"

남자는 명함을 테이블 위에 세웠다.

"시카고에 있는 시어스타워 맨 아래 주춧돌 위에 이 카드를 놓는다고 가정해 보세요. 하나님의 도덕적인 기준은 시어스타워 꼭대기, 100층 높이 위에 있습니다."

"그럼 하나님에 비하면 마더 테레사와 히틀러는 결국 같은 수준이라는 거요?!"

"아뇨. 히틀러는 지극히 악랄했고, 마더 테레사는 커다란 자비를 베풀었으니 같지 않죠. 그렇지만 마더 테레사가 행한 나름의 덕행 역시 하나님과의 격차를 메우기엔 히틀러만큼이나 멀리 떨어져 있다는 것입니다. 두 사람 모두 죄인이고, 각자 나름의 공과에 따라 하나님으로부터 멀리 떨어져 있습니다."

나는 잠시 생각해 본 후 대답했다.

"그렇다면 누구도 그 기준에는 못 미치겠군요."

"자신들이 쌓은 공적으로는 안 되죠. 어림도 없습니다. 하나님의 기준은 한치도 모자람이 없는 완벽 그 자체입니다. 선생도 완벽이 아닌 다른 건 원치 않을 겁니다."

나는 남자가 방금 전에 했던 말 뜻을 파악하는 데 여전히 골몰해 있었기 때문에, 이 말이 얼른 이해되지 않았다.

"미안하지만 뭐라고요? 그게 무슨 뜻이죠? 내가 완벽이 아닌 다른 건 원치 않을 거라뇨?"

"100퍼센트 거룩하지 않거나 100퍼센트 공정하지 않은 사람이 이 우주를 다스리길 원치 않을 것이란 뜻입니다."

"그게 뭐가 어떻죠?"

완벽한 거룩함이야말로 내겐 거북스럽기만 했다.

"하나님이 부여한 선생의 정의 의식을 거스를 테니까요. 죄를 짓고도 처벌받지 않는 세상을 원하세요? 누가 선생의 딸을 해쳤는데, 어떤 심판도 없는 곳이요? 악이 저지되지 않은 채 위세를 떨치는 곳이요? 하나님은 죄를 벌해야만 합니다. 그렇게 하지 않는 건 천지만물이 자멸하도록 방치하는 것이기 때문입니다. 하나님이 유대인 대학살을 저지른 히틀러에게 '아돌프, 괜찮단다. 실수는 누구나 하기 마련이지. 걱정할 거 없어'라고 말했다면 어떻게 되었을까요?"

"모든 사람이 히틀러가 아니잖소!"

"아니죠. 하지만 모두가 하나님을 거스르고 있습니다. 꼭 눈에 보이는 악행을 저질러야 하는 건 아니죠. 우주 전체에서 보면 인간의 반역은 심장마비라기보다는 암이라고 할 수 있어요. 세상을 파괴하는 것은 대학살이 아닙니다. 이기심과

분노, 시기, 자만심…… 우리가 매일 마음속에서 저지르는 이 모든 죄가 세상을 죽입니다. 하나님은 이 암을 막아야 하는 것입니다."

"모두들 그런 감정을 느끼며 삽니다. 인간이잖소."

"맞습니다."

이어질 말을 기다렸지만 그는 연어 요리로 돌아갔다. 그의 말에 함축된 의미가 서서히 이해됐다.

"하나님이 모든 사람을 똑같이 본다는 건 어쩐지 공평하게 들리지 않는군요. 다른 사람들보다 상대적으로 더 나쁜 사람들이 있잖소."

"하나님은 그들도 모두 공정하게 심판할 것입니다. 그게 중요하죠. 모든 사람은 이미 하나님의 심판을 받고 있습니다. 모두가 하나님의 도덕률을 어겼으니까요. 당신은 어떤 근거로 완벽하게 거룩한 하나님 앞에 서서 나름대로 선하게 살아왔다고 말할 건가요?"

나는 고기를 한 점 집으려고 포크를 들었다가 도로 내려놓고, 물컵을 들었다. 갑자기 이 대화에 심기가 불편해졌다.

"《파리대왕 *Lord of the Flies*》 읽어 보셨죠? 무인도에 난파된 영국 소년들이 그들만의 사회를 이루고, 나중에는 서로에게 잔

인하게 변해가죠."

"네."

"왜 소년들은 야만성을 당연한 것으로 받아들이게 됐을까요?"

"문명과 단절돼 있었으니, 무엇이 옳은지 점차 잊게 되었겠죠. 적어도 그런 구분이 뒤죽박죽돼 버린 거죠."

그는 고개를 끄덕였다.

"그랬죠. 그들에겐 어떻게 행동해야 할지 바로 잡아 줄 나침반이 없었어요. 인간의 세계도 같습니다. 사람들은 신과 단절되어 자신들이 저지른 큰 죄에 대한 감각이 마비돼 버렸습니다. 죄악으로 가득찬 세상에 살면서도 그게 정상이라고 생각하죠. 하지만 하나님이 보기엔 기괴한 세상이죠. 하나님은 절대적으로 거룩하고 공정합니다. 인간에게는 그에 견줄 만한 게 아무것도 없고요. 그래서 인간은 계속해서 하나님의 성스러움을 퇴색시키려 노력하고 있죠. 이슬람처럼요."

마지막 말에 귀가 쫑긋 섰다.

"이슬람처럼? 이슬람인들이 강조하는 것이 한 가지 있다면, 그건 신의 정의로운 심판과 악의 처단입니다."

"그게 그들의 주장이죠. 하지만 최후 심판의 날에 무슨 일이 일어날지 물어보세요. 착한 일을 충분히 했다면 알라신이 나쁜 짓 정도는 너그럽게 봐주고, 천국으로 가게 해줄 거라고 말할 겁니다."

"그게 뭐가 나쁘죠?"

"알라신이 자비를 베풀기 위해선 완전한 정의를 부정해야만 합니다. 잘못을 범해도 그것을 상쇄하는 선행을 많이 하면 죄과가 없어지니까요. 그러나 진정한 정의는 그런 식으로 실현되지 않습니다. 속세에서조차 그런 정의는 없어요. 사기죄로 유죄 선고를 받은 사람에게 판사가 '좋은 어린이 야구단 감독이었으니, 그것으로 죄가 상쇄된다'고 말하지 않습니다. 이슬람에서 알라신은 완벽하게 공정하지 않습니다. 만약 그랬다간 사람들이 모든 죄에 대해 대가를 치러야만 하고, 그러면 천국에 갈 사람이 아무도 없기 때문이죠. 완벽하게 공정한 것, 이게 '완전한 정의'라는 겁니다."

나는 볶은 야채들을 접시 한쪽으로 밀어냈다.

"하나님이 관대하신 줄 알았는데, 그 완전한 정의 때문에 결코 용서하시지 않겠군요."

"하나님은 관대하세요. 하나님이 이 세상에서 가장 간절히 원하는 것은 사람들을 용서하고, 그 사람들이 본연의 모습으로 돌아가는 것이니까요. 용서하고픈 하나님의 소망이 완전한 정의를 부정하는 건 아닙니다. 누군가 죄과를 지불해야 합니다. 하나님의 정의가 그것을 요구하기 때문입니다."

이건 최악의 딜레마였다. 나는 빵 한 조각을 집어 들었다. 실은 생각할 시간을 벌기 위해서였다. 그는 자신의 연어 요리를 마저 다 먹었다. 내가 다음 질문을 정리할 시간을 주기로 한 듯 보였다.

"그럼 우리를 다시 하나님에게 돌려보내려면 뭐가 필요한 거죠?"

"하나님에겐 두 가지 선택이 있었죠. 사람들이 스스로 죄과를 치르게 할 수도 있었고……."

"그 결과는……."

"인간과 하나님의 영원한 단절이죠."

"바람직한 건 아니군요. 다른 선택은 뭐였나요?"

"하나님이 직접 그 벌을 받는 거였습니다."

"어떻게요?"

"하나님은 창조주입니다. 창조주는 피조물보다 위대하니까요. 창조주가 자신이 창조한 사람을 대신해서 직접 죽음이라는 벌을 받으면 완전한 정의를 만족시키죠."

"신이 뭐 하러 그러겠소?"

그는 물컵을 집으려 손을 뻗었다.

"하나 물어볼게요. 사라가 열일곱 살인데, 질 나쁜 무리들과 잘못 어울려 마약에 빠지게 되었다고 해봐요."

"그건 좀 심하지 않소?"

"그냥 가정입니다. 자, 마약에 취한 상태에서 사라는 누군가를 살해하고, 사형을 선고받았습니다. 할 수만 있다면, 딸 대신 그 벌을 받으실 건가요?"

참 어려운 질문이었다. 당연히 한 번도 생각해 본 적 없는 질문이었다. 그렇지만······.

"네, 대신 받을 겁니다."

"왜죠?"

"왜냐하면 난 그 애를 사랑하고, 그 아이에겐 남은 인생이 있으니까요. 그래서 내 딸에게 괜찮은 인생을 살 기회를 주고 싶으니까요."

그는 내 쪽으로 몸을 기울이며 자기 접시를 앞으로 밀고는 팔을 테이블 위에 올려놓았다.

"당신이 딸을 사랑하는 만큼 하나님도 당신을 사랑한다고 생각하지 않으세요?"

나는 의자 깊숙이 물러났지만 그의 시선을 피하진 않았다.

"그럴지도 모르지만…… 사실, 잘 모르겠어요."

그는 뒤로 기대며 말했다.

"초등학교 5학년인 소년이 둘 있었어요. 한 명은 전 과목에서 A를 받았고, 다른 한 명은 매년 겨우겨우 낙제를 면해 간신히 상급 학년으로 올라갔죠. 성적이 이렇게 판이한데도 둘은 유치원 때부터 변함없는 단짝친구였습니다.

학기말쯤 그들은 아주 중요한 수학 시험을 봤죠. 첫 번째 소년은 아주 쉽게 시험을 봤고, 학년을 올라가려면 최소한 C는 받아야 했던 두 번째 소년은 끙끙대며 힘들게 봤어요. 시험이 끝나고, 첫 번째 소년은 친구에게 시험을 어떻게 봤느냐고 묻죠. 그러자 친구는 '나 통과 못할 거야'라고 말합니다. 그날 쉬는 시간에 모든 아이들이 밖에서 놀고 있을 때, 첫 번째 소년은 교실로 몰래 들어와서 시험지 묶음을 뒤적여 자신과 친구의 시험지를 찾아냈죠. 그리고 친구의 시험지에 적힌 친구 이름을 지우고 자기 이름을, 자신의 시험지에는 친구의 이름을 적었죠."

나는 뒷이야기를 기다렸지만 거기서 끝인 것 같았다.

"그게 다인가요?"

"다른 뭘 기대했죠?"

"거기서 끝나지 않거든요. 선생님이 돌아와서 시험지를 채점하다, 소년이 한 짓을 알게 되겠죠."

"아뇨. 이야기는 여기서 끝입니다. 어떤 이야기인 것 같아요?"

"첫 번째 소년이 친구가 시험에 통과하도록 자신의 점수를 기꺼이 바꿔 준 이야기네요."

"네, 그리고 더 있습니다."

남자는 손으로 턱을 쓸었다.

"두 번째 소년이 낙제했다면 어떻게 되었을까요?"

"다음 해에 한 학년 꿇었겠죠."

"그렇게 되면……."

"더 이상 둘이 함께 학교를 다닐 수 없게 되겠죠."

남자는 말을 끊었다가 좀 더 부드러워진 목소리로 말했다.

"하나님은 선생과 함께 있기를 간절히 소망합니다. 함께 있고 싶어서 선생을 창조한 것이죠. 그런데 선생의 죄가 선생과 하나님의 사이를 갈라놓고 있죠. 하나님이 공정하다면 그건 어쩔 수 없습니다. 하나님 앞에서는 결백해야 합니다. 그래서 하나님은 선생을 되찾기 위해 선생의 죄를 대신 짊어

졌고, 죄값을 치르기 위해 목숨을 버리셨죠. 그러면 완전한 정의가 충족됩니다. 그 대가로 하나님은 선생에게 무죄 평결을 내리고요. 무죄 평결을 대가 없이 선물로 제공하는 거죠."

이 선물이라는 게 뭔지 완전히 와 닿진 않았지만, 믿겨지지 않을 정도로 너무 좋은 선물인 건 분명했다. 어쨌든 당연히 뒤따라 나와야 할 질문을 던졌다.

"그 선물을 받으려면 어떻게 해야 하는데요?"

"그냥 받기만 하세요. 그뿐입니다."

"그 대가로 아무것도 할 필요가 없다고요?"

"없습니다."

"그럼 그건 어떻게 받는 거죠?"

"하나님을 믿기만 하세요. 모든 인간관계의 바탕이 바로 믿음이잖아요. 하나님이 선생의 죄값을 갚기 위해 희생했다는 사실을 믿음으로써 하나님과의 관계를 다시 맺는 겁니다. 하나님이 선생의 죄를 용서해 주실 거라고, 영원한 삶을 주실 거라고 믿으세요. 하나님이 선생을 위해 스스로를 희생한 이유가 바로 그것이니까요. 선생을 되찾고 싶은 거니까요. 선생은 그저 그 선물을 받기만 하면 됩니다."

시선을 피하고 싶었지만, 내 눈은 얼어붙은 것 같았다. 신이 왜 날 그토록 사랑하는지 납득되지도 않았고, 내가 그를 원하는지도 확신이 서지 않았다. 남자의 마지막 말은 더더욱 이해가 되지 않았다.

"정말 알 수가 없네요. 성경에 보면 십자가에서 죽은 사람은 예수이지 하나님이 아니잖소."

"닉."

그가 말했다.

"내가 하나님입니다."

디저트
THE DESSERT

"잠깐 실례하겠습니다."

나는 일어나서 남자 화장실로 갔다. 격자문을 지나 오른쪽으로 돌아 화장실로 들어갔다. 나는 볼일을 보고, 세면대로 가서 거울에 비친 나 자신을 바라보았다.

'이제 어쩐다?'

스스로를 하나님이라고 말하는 사람을 만나는 것은 흔한 일이 아니다. 정신병원에서 일한다면 몰라도. 아니, 모르겠다.

'이 남자는 미치광이이거나 정말 뛰어난 배우이거나 아니면 정말로……'

나는 마지막 가능성은 떨쳐 버렸다. 하지만 누가 이런 쇼를 연출하고 싶어한단 말인가? 현란한 말로 나를 속여 '신의 세계'에 빠져들게 하려는 이유가 무엇이겠는가? 대체 누가 그런 일을 하려고 할까? 그래, 내가 본 텔레비전 전도사라면 그럴 수도 있겠다. 하지만 이 자의 행동이나 말을 보면 그쪽 사람이 아니다. 나는 그가 하는 말에 반박할 수가 없었다. 이 자의 말에 꼭 동의해야 할 필요도 없지만, 엉뚱한 얘기도 아니었다. 마지막 말만 빼면.

나는 얼굴에 물을 끼얹고, 물기를 닦은 다음, 뭘 어떻게 해야 할지 모른 채 테이블 쪽으로 걸음을 옮겼다. 격자문에서 오른쪽으로 틀어 곧장 주차장으로 갈까도 생각했지만 무언가 발길을 막았다. 스스로를 하나님이라고 칭하는 이 남자에 대해 더 알고 싶은 것은 어찌할 수 없었다.

테이블로 돌아오니 접시가 있던 자리에 디저트 메뉴판이 놓여 있었다.

"웨이터가 스트로베리 아마레토 케이크를 추천하더군요."

그는 메뉴판을 훑어보고 있었다. 나는 그를 응시하며, 그가 메뉴판을 내려놓고 날 바라보길 기다렸다. 이윽고 고개를 들어 날 보았다.

"증명해 봐요."

"증명이라뇨?"

"당신이 하나님이란 것."

"어떻게 하면 믿으시겠소?"

좋은 질문이었다. 그걸 무엇으로 납득시킬 수 있을까?

"아까 와인조차 물로 못 바꿨잖소."

"그거야 선생의 생각이죠."

"뭐요?! 그럼 할 수 있는데 안 했을 뿐이란 거요?"

"내가 물로 바꿨다면요?"

"그럼 내 관심을 사로잡았겠죠."

"그런 다음에는요?"

역시 좋은 질문이었다. 하지만 지금 그가 내 주의를 충분히 끌고 있지 못한 것도 아니었다.

웨이터가 디저트 주문을 받으려고 끼어들었다. 나는 고갯짓으로 테이블 맞은편을 가리킨 다음 메뉴판을 보았다. 아무것도 머릿속에 들어오지 않았다. 남자는 아까 그 케이크를 주문했다.

"선생님은요?"

"티라미슈."

내가 늘 주문하는 디저트 중 하나였다. 나는 웨이터가 메뉴판을 챙긴 다음 돌아서 가는 것을 지켜보았다. 남자가 대화를 다시 이끌었다.

"하나님이 사람이 될 수도 있다는 게 잘 믿기지 않을 겁니다."

"글쎄요……."

나는 자조 섞인 코웃음을 쳤다.

"당신이라면 안 그렇겠소?"

"아마도. 내가 하나님에게 기대했던 것이 무엇이냐에 달려 있겠죠."

"적어도 증권회사에서 하루 일을 마치고 나온 사람 같은 모습일 거라곤 기대하지 않았소."

그는 조용히 웃었다.

"저라도 그랬을 겁니다."

나는 의자에 기대고 팔짱을 꼈다.

"그리고 솔직히 말해 하나님이 사람들에게 자기를 그냥 덮어놓고 믿어 달라는 거 신뢰가 가지 않습니다."

"맞습니다. 하나님은 그렇지 않아요. 이 세상의 다른 종교들이 그렇게 하죠."

"그들과 당신이 하는 말에 무슨 차이가 있죠?"

"180도 다릅니다. 이 경우 하나님은 믿음을 기대하기 전에 증거를 제시하죠. 그렇지만 세상의 종교들은 그들의 주장을 뒷받침할 증거가 없습니다. 다양한 형태의 힌두교에는 무려 3억 명이 넘는 신이 있죠. 그 존재를 증명할 증거가 그들에게 있나요?"

"제가 알기론 없죠."

그는 검지손가락으로 날 가리켰다.

"그래서 선생은 힌두교도가 아닙니다. 믿어야 할 이유를 찾을 수 없거든요. 불교에서의 궁극적인 목표, 열반이라고 불리는 알 수 없는 공허한 상태를 누가 증명해 줄 수 있습니까? 하나님이 실제로 마호메트에게 계시를 했다는 걸 누가 증명해 보일 수 있습니까? 몰몬교의 요셉 스미스에게 계시를 했다는 건요? 또……."

"그렇지만 예수도 다르지 않죠. 예수가 하나님이었다는 증거가 있습니까?"

내 팔꿈치가 어느새 테이블 위로 옮겨가 있었다.

"우선, 그건 하나님이 일어날 거라고 정확히 예언했던 것입니다."

"언제 그런 말을 했는데요?"

그는 말을 잇기 전에 물을 마셨다.

"예언서들을 읽어 보셨잖아요."

"노스트라다무스인지 뭔지 하는 것에 별로 관심 없었소."

그는 이마를 찌푸렸다.

"진짜 예언입니다."

남자는 고집했다.

사실 나는 히브리 예언은 좀 읽었었다. 노던일리노이 대학 때 여자 친구 엘리자베스는 나를 졸라서 히브리 예언을 공부하는 기숙사 성경 스터디에 참가하게 했었다.

"메시아가 올 거라더군요. 그때 그게 하나님이라는 말은 전혀 듣지 못했소."

"성경보다는 엘리자베스에게 정신이 팔렸던 건 아니고요? 이사야서, 다니엘서, 미가서를 다시 읽어 보세요."

"당신이 어떻게 그걸 알고 있죠?"

"거기 있었으니까요."

나는 한동안 그를 뚫어지게 쳐다보았다. 그도 내 눈을 끝까지 맞췄지만, 나는 그의 표정에서 아무것도 읽을 수 없었다. 그의 마지막 말은 못 들은 척했다.

"뭐라고 쓰였는지 알아요. 메시아가 베들레헴에서, 처녀의

몸에서 태어날 거라고 했죠. 그가 십자가에서 희생되는 거며…… 등등이 나와 있더군요."

"아주 좋은 정보 아닌가요? 미가는 메시아가 베들레헴에서 탄생할 것이라고 7세기 앞서서 예고했고, 다윗은 로마인들이 십자가 처형 방식을 고안해 내기 수 세기 전에 그로 인한 예수의 죽음을 자세하게 전했으며, 다니엘은 메시아가 죽는 연도를 500년 미리 예언했죠."

"그래요? 몇 년이요?"

나는 진심으로 놀랐다.

"유대력으로 계산해서 서기 33년입니다."

뭐라 대답할 말을 찾지 못한 채 나는 와인잔을 비웠다.

"이 예언서들은 메시아가 다름 아닌 하나님이 될 것이라는 점을, 그가 전지전능한 하나님, 영원불멸의 아버지라 불릴 것이며, 태초부터 그렇게 불리고 경배받을 것이라고 예언했습니다."

섬뜩하리만치 신성한 얘기였지만 인정할 마음은 없었다.

"그렇다고 해도, 그게 예수가 하나님이란 의미는 아니잖소. 이틀 동안 예수를 다룬 미니시리즈를 본 건 아니고요?"

"무슨 말인지 압니다."

"그보다 전에 예수를 역사적인 관점에서 접근한 피터 제닝스의 프로그램은 보셨나요?"

"그렇게 정확하진 않았죠."

"당신이야 그렇게 말하지만, 우리가 어떻게 알죠? 그 프로그램은 예수를 하나님은 말할 것도 없고, 메시아라고 결코 주장하지 않는 사람으로 그렸습니다. 자신의 정체성을 찾기 위해 발버둥쳤으며, 당시의 시대적 사건에 휘말려 정치적 위협 세력으로 간주되어 죽임을 당했다고 했죠."

"나는 내 독단으로 죄를 사했고, 사람들을 치료했으며, 죽은 자를 소생시킴으로써 자연의 법칙을 넘어선 권력을 행사했습니다. 또 아브라함 이전에 내가 있었다고 말했으며, 하나님 아버지와 같이 있었다고 주장했으며, 영생을 준 사람이 나라고 말했고, 경배를 받았습니다. 선생에겐 누가 한 말처럼 들리죠?"

그는 사실을 기술하듯 담담히 말했다.

"스스로를 하나님이라고 주장한다고 해서 하나님이 되진 않죠."

"그럼요. 그렇지만 분명한 것은 내가 훌륭한 종교 지도자에 불과했던 건 아니란 겁니다. 내가 누구냐에 대해 사실을 말했든, 거짓을 말했든, 아니면 미치광이든, 그것만은 사실로 성립됩니다. 훌륭한 종교 지도자는 자신이 하나님이라고 주장하지 않죠."

그는 시선을 들어 홀 안을 둘러보았다. 특별히 뭔가를 주시하는 것 같진 않았다. 그리곤 거의 보일락 말락 고개를 젓더니 다시 날 바라보았다.

"사람들이 진실을 왜곡하는 이유는 내가 이미 제시한 최후의 증거를 인정하지 않기 때문입니다."

"그게 뭔데요?"

"내가 부활했다는 사실입니다."

그 순간 우리의 마지막 대화를 주위들을 만큼 가까운 거리에 웨이터가 디저트를 들고 다가와 있었다. 웨이터가 디저트를 내려놓고, 빈 물컵을 채우고, 떠날 때까지 난 그의 시선을 피했다. 내가 먼저 입을 열었다.

"당신은 여기 내 앞에 살아서 앉아 있소. 당신이 이미 한 번 죽었었다고 말하는 이상, 내가 그렇지 않다고 증명하는 건 무척 어렵죠."

그는 스트로베리를 한 입 떠먹었다.

"좋은 지적입니다. 그럼 실제 사실만 갖고 얘기해 보는 건 어떨까요? 역사 속에 다뤄진 나에 대해 어떤 걸 알고 있나요?"

그가 자꾸 1인칭 시점을 사용하는 것이 여전히 거슬렸지만, 이 주제라면 해볼 만했다. 나는 곧장 뛰어들었다.

"역사책에 보면 예수는 실존 인물이었죠."

"네."

"많은 지지자들을 거느린 지도자였습니다."

그는 고개를 끄덕였다.

"로마인들에 의해 처형되었다고 나와 있고요."

"그게 문제의 그 사건이군요. 그리고 나서 어떤 일이 있었나요?"

"예수의 제자들은 그가 다시 살아났다고 주장했소. 당연히 그렇게 주장하고 싶었겠죠."

"정말이요? 예수의 제자들이 그렇게 되길 바랐던가요?"

나는 주일학교에서 배운 내용을 열심히 더듬었다.

"생각해 보니 아니네요."

나는 인정했다.

"내가 그럴 거라고 제자들에게 누누이 말했음에도 그들은 기대하지 않았죠."

"맞아요."

"그 여인들(예수가 십자가에 못 박혀 죽고, 바위에 굴 모양으로 파놓은 무덤에 안치된 지 사흘째 되는 날, 시체에 향을 발라 죽은 자에 대한 마지막 애도를 표하던 여인들—옮긴이)이 부활 사실을 말해 줬을 때 그들이 처음에 믿었나요?"

"아뇨."

"언제 믿었죠?"

"그들의 말에 따르면, 실제로 예수를 봤을 때라고 했어요."

"그래서 이들은 내 생애에 대한 기록을 남길 때, 자신들이 그런 일이 있기 전에도 믿지 못했고, 그 후에도 믿지 못하다가 바로 눈앞에 나타난 증거를 보고 나서야 믿었다고 적고 있죠. 심지어 그런 일이 있고 난 후에도 그들은 로마 정권이 무서워 숨어 지냈습니다. 선생이라면 하나의 대의 아래 사람들을 따르게 하고 싶어서 스스로를 이런 식으로 묘사할 건가요?"

"그럴 수도 있죠."

개연성은 없지만 가능한 얘기다.

"무엇을 위해서요?"

그는 케이크 포크를 들었다.

"그래서 그들이 빈곤에 시달리고, 박해받고, 끝내는 순교를 당할 수 있는 데도요?"

"많은 사람들이 잘못된 믿음 때문에 죽어가고 있습니다."

"네. 잘못된 사상이나 잘못된 종교 때문에요. 그렇지만 이건 다릅니다. 우리는 지금 역사적인 사건 속에서 자신들의 믿음을 위해 기꺼이 죽음을 택한 사람들을 얘기하고 있습니다. 그들은 그곳에 있었고, 그 일이 일어난 걸 눈으로 봤으며, 그들 모두가 그런 일이 있었다고 말했죠. 그래서 고통과 죽음 밖에는 아무것도 얻지 못했는데도 그렇게 말했습니다. 그들이 알고 있는 것이 거짓이라면 그것 때문에 목숨을 버리진 않습니다. 그래 봐야 아무 득도 없을 땐 더더욱 그렇죠."

고등학교 토론수업 때 논쟁 기술을 조금 배웠었다. 질 것이 뻔한 논쟁에서 손을 떼는 적절한 시점 같은 것. 나는 티라미슈를 조금 떠먹으며 잠깐 고민했다.

"죽은 줄 알았던 예수가 사실은 안 죽었었나 보죠."

"당시 로마제국이 십자가에 매달았는데도 죽지 않은 사람을 몇 명이나 살려 뒀을 거라고 생각하세요?"

"뭐 흔치는 않았겠죠."

"아니면 로마제국이 그냥 내버려둬도 죽을 정도로 심하게 다쳐서 나를 십자가에서 풀어 주게 했는데, 이틀 후에 기적적으로 회복해서 제자들이 나를 곧 하나님이라고 생각했다는 건가요?"

"알았어요, 있을 수 없는 일 맞습니다. 그렇지만 제자들에겐 예수가 부활했다고 주장할 만한 동기가 있었잖소."

"계속하세요."

"새로운 종교운동을 시작했던 사람들처럼 사회적 지위가 생길 테니 말이오."

기대도 못했던 대답이 나왔다.

"맞습니다. 그런 지위를 얻었고요."

그는 앞으로 몸을 숙여 디저트 접시 위에 포크를 내려놓았다.

"나에 대한 얘기를 사람들에게 퍼트린 그 친구들이요? 사람들에게 서로를 사랑하라고 설교하고, 야만적인 당시 사회에서 노예 소유주들에게 그들의 노예를 잘 대접하라고 설득하고, 여성들이 집안의 재물처럼 취급되던 시절에 남편들에게 아내를 사랑하라고 전도하고, 자신들을 순교시키려는 바로 그 정부를 존중하고 복종하라고 사람들에게 가르쳤던 그 친구들이요? 오늘날 세상이 알고 있는 '선을 실천하는 가장 위대한 힘'을 처음 전파했던 사람들 말인가요? 그들이 잘못된 믿음임을 알면서도 이 모든 일을 했다고요?"

"그렇게 좋기만 했던 건 아니잖소."

나는 반박했다.

"십자군 전쟁은요? 세일럼 마녀재판(매사추세츠 주 세일럼에서 1692년 패리스 목사에 의해 30여 명이 악마의 하수인으로 규정되어 그중 20명이 처형된 사건—옮긴이)은요? 스페인 종교재판(1478년 신앙의 정화라는 미명 아래 시작, 악랄한 고문과 무자비한 인권 말살이 자행되어 종교적 압제의 전형이 됨. 1808년 공식적으로 폐지될 때까지 30만 명 이상이 화형당했다—옮긴이)은 또 어땠죠? 유럽의 신구교간 전쟁은요? 북아일랜드에서 일어나고 있는 싸움은요? 기독교를 믿는 사람은 항상 자기들끼리 서로의 멱살을 쥐고 있습니다."

그의 안색이 눈에 띄게 변하더니 내 귀에 들릴 정도로 크게 한숨을 쉬었다.

"사실입니다."

그는 잠시 테이블을 내려다본 채 아무 말도 하지 않았다.

"그래서 나도 매우 슬픕니다."

그의 변화에 나는 무장을 해제했다. 수세도, 공세도 풀어 버렸다. 나는 앉아서 그를 바라보았고, 진지하게 물었다.

"기독교는 왜 그렇게 이전투구를 벌이고 있죠?"

그는 테이블 위에 팔을 내려놓고 팔짱을 꼈다.

"몇 가지 이유가 있죠. 이런 짓을 했던 사람들 대부분은 날 제대로 모르는 사람들이었습니다. 겉으로는 독실하게 보였을지 몰라도, 진정으로 날 믿은 사람들이 아닙니다."

"이렇게 얘기해서 미안하지만, 그건 편리한 변명처럼 들리는군요."

"그렇지 않아요. 난 무엇보다도 그들과의 소통을 원했지만, 그들은 원치 않았어요."

"그렇다 해도 진짜 기독교인은 이런 짓을 전혀 하지 않았다고 말할 수 없을걸요."

"네, 못 하죠. 그게 비극입니다."

"그런 기독교 내부의 갈등이 이제는 당연시되는 것 같더군요."

그는 팔짱을 풀고 의자 깊숙이 앉았다.

"그렇진 않습니다. 너무 빈번하게 일어나고 있긴 하지만."

"왜 그런 거죠?"

"새로 태어난 자신들의 모습으로 사는 방법을 전혀 깨닫지 못했기 때문입니다."

"무슨 말씀인지 이해가 안 되는데요."

"사람들이 날 믿고 영생을 얻을 때, 그들은 죄를 용서받기만 하는 게 아닙니다. 안 그러면 천국은 여전히 하나님으로부터 달아나려고 하는 용서받은 죄인들로 넘쳐나겠죠. 하나님이 그렇게 두지 않습니다."

"그래서 어떻게 하는데요?"

"하나님은 그들을 용서할 뿐만 아니라, 그들의 내면을 바꿉니다. 마음과 영혼이 새로 만들어지는 것이나 다름없죠. 존재 깊은 곳에서 그들은 더 이상 하나님을 피해 달아나지 않아요. 하나님과 하나가 되죠. 더 이상은 하나님을 거역하고 싶지 않고, 하나님이 선하다고 말씀하신 것을 사람들이 행하고 싶어합니다."

"그렇지만 그렇게 안 하잖아요."

내가 이의를 제기했다.

"대개는 그렇게 하는데, 늘 그렇진 않아요. 새 마음을 갖게 되면 처음부터 시작하는 겁니다. 나를 자신들을 인도해 줄 선생님으로 받아들여야 하죠. 저는 새롭게 바뀐 내면을 바탕으로 어떻게 살지 가르쳐 줍니다. 어떤 사람들은 내 말대로 하지 않고, 자기 식대로 하고 싶어하죠. 그래서 여전히 남들을 멋대로 판단하고, 이기적이고, 두려움에 떱니다. 즐거움이란 없죠."

"데이브와 폴라가 얘기하곤 했던 뉴에이지 같은 건가요?"

"그건 아닙니다. 그 두 친구와 많은 얘기를 나누셨을 텐데, 그들이 추구하는 것이 무엇인 것 같아요?"

"신과의 교감이 아닐까요. 자기들이 어떤 면에서는 이미 그 수준이라고 믿고 있는 것만 빼면요. 좀 혼란스럽죠."

그는 케이크를 삼키며 고개를 끄덕였다.

"그분들은 어떤 식으로 하나님과 통하려고 노력합니까?"

"더 많이 깨닫는 것?"

대답이라기보단 질문이었다.

"그릇된 욕망을 버리려고 노력하고, 포용……."

뉴에이지 용어였는데, 생각이 안 났다.

"뭔가를 포용하는 거였는데, 그게 뭔지 모르겠네요."

"그분들은 내가 대가 없이 주는 바로 그것을 무진 애를 써서 얻으려고 하고 있군요."

"그게 뭔데요?"

"날 받아들인 사람에게 하나님은 죄를 사해 주고, 마음을 새롭게 바꿔 줍니다."

여기서 말이 잠깐 끊겼다.

"그분이 그들 안에 살러 오십니다."

그가 설명할 동안 나는 티라미슈를 입안에서 삼키고 있었다. 그리고 다시 한술을 떠서 입안으로 넣으려다 그의 마지막 말에 동작을 멈추었다.

"그분이 뭐라고요?"

"그분이 그들 안에 살러 오신다고요. 이보다 더 신과 가까워질 수는 없죠. 게다가 일방적으로 교감이라는 걸 만들어 내려고 애쓰는 사람들과 달리, 이건 진짜죠."

나에겐 그게 뭐 대단한 것처럼 들리지 않았다.

"난 하나님이 어깨 너머에서 매 순간 날 지켜보는 일만큼은 정말 없었으면 좋겠어요."

"지금도 선생의 어깨 뒤에서 매 순간 지켜보고 계신데요. 이제 필요한 건 그분이 매 순간 선생 안에 사는 겁니다."

"왜요?"

"그렇지 않다면 어떻게 아내와 딸을 무조건적으로 사랑하시겠습니까? 아내를 더 사랑하고 싶지만 그 방법을 모르고 있어요. 설사 알고 있다고 해도 그만한 능력이 선생에겐 없죠. 하나님만이 그렇게 사랑합니다. 그런 사랑을 선생을 통해 하고 싶으신 겁니다."

맞는 말이었다. 정말 마음은 그렇지 않은데, 매티와의 사이가 그다지 원만하지 않았다. 문득문득 끊임없이 아내에게 짜증내고 있는 나 자신과, 또 나에게 짜증내는 아내를 발견하곤 했다. 로맨티스트 닉은 온데간데없었다. 포크를 들어 티라미슈를 먹고는 결국 말해 버렸다.

"이런 얘긴 처음 들었어요."

"압니다. 내 제자들도 알고 있었고, 그걸 지키며 살았고, 후대에 전했는데, 그렇게 전달하는 과정에서 메시지가 왜곡되었죠. 교회의 위계 제도와 권력 구조가 비대해져서 그것이 뿌리내릴 자리를 막아 버렸죠. 인간들은 하나님을 일련의 규범 정도로 축소하고 싶어했습니다. 그러나 하나님이 규범은 아니죠. 결혼생활이 규범의 문제가 아니듯."

"그럼 뭐죠?"

"사람들이 하나님과 함께하는 것입니다. 남녀가 하나가 되도록 만들어진 것처럼 사람들이 하나님과 하나가 되도록 만드셨죠. 사람들은 바로 하나님의 삶을 자신들 안에 가질 수밖에 없는 운명입니다. 그것이 없이는 엔진 없는 새 SUV 차와 같아요. 보기엔 멋지지만 움직이지 않습니다. 가장 중요한 부분이 빠져 있으니까요."

나는 의자에 기대어 남자의 말을 곱씹었다.

"기독교의 목적이 결국 이런 것이라면, 왜 그렇다고 말하지 않죠?"

"왜냐하면 대개 이해하지 못하기 때문이죠. 그렇지만 이해하는 사람들도 있습니다. 어디 숨겨진 사실이 아닙니다. 요한복음 마지막 부분을 읽어 보세요. 거기에 모두 나와 있습니다. 매킨토시 씨도 알고 계셨죠."

"7학년 때 과학 선생님이셨죠. 그분을 좋아했었는데."

"믿지 않을지 모르지만 그분도 선생을 좋아했답니다."

"항상 방과 후에 남으라고 하셨는데요?"

남자는 싱긋 웃었다.

"선생님도 그럴 수밖에 없을 정도로 말썽을 부린 건 아니고요?"

"맞아요. 그랬던 것 같소."

나도 따라 웃었다.

나는 케이크를 한 입 더 먹었고 그도 자신의 스트로베리 케이크를 떠먹었다. 우리는 그렇게 2, 3분 동안 말없이 앉아 있었다. 그 사이 나는 접시를 깨끗이 비웠다. 내가 먼저 침묵을 깼다.

"자, 이제 다음 얘기는 뭐죠?"

"좋은 질문이군요. 어떤 얘기를 하고 싶으신데요?"

뭘 이야기하고 싶은지 나도 알 수가 없었다.

커피
THE COFFEE

"왜 하나님이 직접 사람들 앞에 나타나지 않는 거죠?"

웨이터가 우리의 디저트 접시를 가지고 간 뒤였다. 집에서처럼 포크로 바닥을 싹싹 긁어먹고 싶은 것을 겨우 참았다. 커피를 기다리면서 나는 하나님과 인생에 관한 남은 궁금증을 해결할 기회는 지금이 아니면 다시 오지 않을 거라는 판단을 내렸다. 그리고 이 질문이 괜찮은 출발점인 것 같았다.

예수는 냅킨으로 입술을 닦고 도로 무릎 위에 내려놓았다.

"나에게 뭘 하게 할 건데요?"

"글쎄요, 모든 사람들 앞에 인간으로 나타나게 하는 거죠."

그는 키득거리며 웃었다. 내 말의 모순을 알아채고 나도 따라 웃지 않을 수 없었다.

"농담이 아닙니다. 누구나 하나님의 저녁 초대를 받는 건 아니잖소."

"사람들 앞에 모습을 드러냈었어요. 선생과 같은 사람 중의 한 명이었죠. 그 정도면 더 이상 인간다울 수 없지 않을까요."

"하지만 그건 2천 년 전이었죠."

"그건 중요하지 않아요. 그때도 믿지 않긴 마찬가지였으니까요. 꼭 눈으로 봐야 믿을 수 있는 건 아니거든요."

나는 팔꿈치를 의자 등받이에 갖다 댔다.

"최소한 자신이 존재한다는 신호 정도는 보낼 수 있잖아요."

"그것도 이미 했습니다. 그래도 여전히 믿지 않았죠. 내 아버지가 시내산에 유대인과 같이 있을 때 그런 신호를 보냈지만, 그들은 6주 만에 아버지에게 등을 돌렸습니다."

웨이터가 커피를 갖고 나타났다. 나는 카푸치노를, 그는 레귤러 커피를 주문했다. 그는 설탕은 넣지 않고 크림만 조금 넣었다.

"시각적인 증거가 더 있고 없고의 문제가 아닌 거죠. 사람들은 그들이 원하는 증거를 모두 갖고 있습니다. 문제는 마음이죠. 사람들이 하나님을 믿고, 하나님이 주는 선물을 겸허히 받아들이고 싶어하나요? 아니면 그들에게 직접, 그들이 원하는 방식으로 만족할 때까지 증명해 보라고 고집하고 있나요?"

어쨌든 '사람들'에 대한 그의 언급은 매우 개인적인 수준에 이른 것 같았다. 나는 대화를 계속 공적으로 유지하고 싶었다.

"그렇지만 사람들이 원하는 증거를 모두 갖고 있다고 어떻게 말할 수 있죠?"

"천지창조는 하나님이 존재한다는 증거입니다. 그 창조가 얼마나 정교하고 복잡하게 설계되었고, 세밀하게 조정되었는지는 그 어느 때보다 잘 알려져 있고요. 또 나로 하여금 하나님이 어떤 분인지 얘기하게 해줍니다. 내가 세상에 온 이유이니까요. 아버지를 사람들에게 알리는 일이요. 또 내 부활은 내가 하나님이라는 사실을 증명합니다. 하나님의 메시지가 남긴 증거물로 성경도 있습니다."

나는 카푸치노를 한 모금 마시고, 입술에 묻은 거품을 닦았다. 그도 커피를 마셨다.

"우리 종교학 교수는 사본을 만드는 과정에서 너무도 많은 실수가 있었기 때문에 성경의 원본 내용은 알 수 없다고 하셨죠."

그는 커피를 내려놓으며 고개를 살짝 저었다.

"그분은 연구를 많이 안 하시죠? 아까도 말했듯이 정반대의 사실을 발견하실 겁니다. 성경은 정성과 공을 들여 옮겨졌습니다. 심각한 문제가 있는 부분은 대단히 적습니다."

자세히 알아보지 않았던 건 나도 마찬가지였다. 나는 질문을 이어갔다.

"그렇지만 그 많은 논쟁들은 다 뭐죠?"

"이를테면요?"

"잘은 모르지만…… 가령…… 나도 자세히는 몰라요. 대립되는 내용들이 있다는 것밖에는."

남자는 미소를 지었다.

"제가 예를 들어드리죠. 어떤 복음서에는 내가 여리고 외곽에서 소경 두 명을 낫게 했다고 쓰여 있고, 또 어떤 복음서에서는 한 명이라고 하죠."

"그러게 말입니다."

"좋습니다. 며칠 전에 레스에게 선생네 부부가 영화 보러 갔었다고 말했는데, 두 분만 가셨나요?"

"아뇨, 매티의 친구 제시카도 함께 갔었죠."

"그 사실은 왜 빼놓으셨죠?"

"별로 중요한 얘기가 아니니까요."

"맞습니다."

나는 뒷말을 기대했지만, 거기서 끝이었다.

"성경에 나오는 역사 기록들이 사실이라는 건가요?"

"지금의 고고학자들이 그렇다고 말하고 있습니다. 〈유에스 뉴스 앤드 월드 리포트〉 구독을 갱신하셨더라면 좋았을 걸 그랬습니다. 거기 특집기사에서 확인해 보세요."

"그래도 하나님이 정말로 이 세상을 6일 만에 창조하고, 이 지구가 겨우 6천 년밖에 안 됐다는 건 너무 터무니없습니다. 상식적으로 당치도 않죠."

"누가 그걸 믿으라고 하고 있나요?"

"근본주의자들이죠. 그들은 창세기에 나오는 계보를 모두 계산해서 지구가 6천 년 전에 창조되었다고 말합니다."

남자는 다시 커피를 마셨다.

"창세기는 역사의 흐름을 보여줍니다. 거기에 따르면 하나님은 빛으로 시작해서 천지를 질서정연하게 창조합니다. 땅을 만든 다음 땅을 구성할 것들을 설계하죠. 대양으로 대륙을 만들어 내고, 식물을 창조하고, 동물을 창조합니다. 그리고 자신의 형상을 닮은 인간을 창조합니다. 자, 이 일련의 순서에 과학자들이 동의하지 않는 점이 있습니까?"

"'하나님의 형상을 닮은'이라는 부분에 동의하지 않을 겁니다."

"안 하겠죠. 바로 그게 그들의 문제 아닐까요? 인간이 하나님의 형상으로 창조되었다는 사실을 그들이 인정하길 거부하는 이유는 그렇게 되면 창조주를 설명해야 하기 때문입니다. 그건 그들이 원하는 바가 아니죠."

"그렇지만 그 기적들은 다 뭐죠? 여호수아에게 여리고를 7일간 돌라고 해서 성벽을 무너뜨린 기적이나, 다윗이 골리앗의 이마 정중앙을 명중시킨 기적, 또 하나님이 홍해를 가른 이야기는 어떻게 된 거죠?"

"창조주가 기적을 행할 수 없다는 뜻인가요?"

"당신은 내 와인을 물로 바꾸는 것조차 하지 않았잖소."

나는 고소한 웃음이 나오는 걸 막을 수가 없었다.

그는 기적 얘기로 돌아갔다.

"인정합니다. 다윗과 골리앗 얘기를 성경을 떠나서 검증하기란 매우 어렵습니다. 하지만 여리고의 유적은 이미 발견되었습니다. 그 도시가 세워진 시기는 성경에서 그 사건을 기술한 때와 일치합니다. 그리고 성벽도 성경에서 묘사된 그대로 무너졌습니다."

"농담이시겠죠."

"아뇨. 홍해를 가른 사건이라면, 고고학자들에게 20년 정도 조사할 시간을 줘보세요."

그는 눈을 찡긋했다.

"그렇지만 그건 진짜 중요한 문제가 아니지 않나요?"

그는 커피를 내려놓고, 앞으로 몸을 기울였다.

"기억나세요? 선생이 여섯 살 꼬마 때, 두 바퀴 자전거가 어떻게 넘어지지 않고 바로 서 있을 수 있는지, 직접 타보고 확인했을 때까진 믿지 못했던 거요?"

"그럼요."

"정말로 성경을 펼쳐 놓고, 하나님께 알려 달라고 청하면, 그렇게 해주실 겁니다."

우리는 한동안 서로의 눈을 들여다보았다. 내가 마침내 다시 입을 열었다.

"누구나 성경을 읽는 건 아니니까요."

"그럼요. 모두가 읽진 않죠."

그는 인정했다.

"그렇다면 하나님은 그런 사람들에 대해선 어떻게 하시죠?"

"아버지는 사람들에게 그들이 받은 계시에 답하라고 요청합니다. 그것이 단지 창조일 수도 있고, 사람들의 양심일 수도 있죠. 그들이 받은 계시에 대해서 답하라는 것이죠."

"그렇지만 사람들에겐 당신의 얘기가 전혀 들리지 않는데요."

"하나님의 요청을 진정으로 받아들이려는 사람이 있다면, 그 앞에 나타나실 것입니다."

나는 못 믿겠다는 듯 웃음을 터트렸다.

"만약 성경이 없다면요?"

"하나님은 원하시는 수단은 무엇이든 쓸 수 있죠. 대개는 사람들을 보내죠. 이슬람 국가처럼 복음이 제한된 지역에는 꿈에서 자신을 드러내기도 하죠."

"어떤 지역 사람들은 엄청난 혜택을 누리고 있는 것 같군요. 당신에 관한 얘기를 늘상 들을 수 있으니."

"네, 그렇지만 그들은 메시지를 들으려 하지 않아요. 말했듯이 하나님은 자신을 믿으려고 하는 사람에게 나타나십니다. 죄 사함을 받으려는 사람에게 죄 사함을 주시듯이요."

"그럼 스스로 충분히 선하게 살고 있다고 생각하는 사람들은요? 주일학교 윌라드 선생님처럼요?"

"하나님 앞에 나가 공적을 심판받을 것입니다."

그는 다시 커피잔에 입을 댔다가 테이블에 내려놓았다.

"나가고 싶은 자리는 아니죠. 그건 마치 아버지가 아들에게 10억 재산을 물려주려는데, 아들이 '그만한 자격이 있는지 스스로 증명해 보일 때까지는 받을 수 없다'고 말하는 것과 같아요. 선한 인생을 살려고 노력한다는 것은 매우 숭고한 것 같지만, 현실에선 자가당착일 뿐입니다. 아들은 자기 식대로 유산을 받고자 합니다. 선물로 거저 받고 싶지 않은 거죠. 그렇지만 하나님은 선물로써만 줍니다. 누구도 그걸 직접 구할 순 없습니다."

나는 카푸치노를 길게 한 모금 마셨다. 그 사이 약간 식어 있었다. 냅킨으로 입을 닦고 무릎이 아닌 테이블 위에 놓았다. 다시 그를 바라보았다.

"지옥이 있나요?"

"네. 하나님을 멀리하기로 선택한 사람들을 위한 곳이죠. 결코 가고 싶은 곳은 아니죠."

그가 나지막이 대답했다. 나는 잠시 조용히 앉아 있었다.

"어떤 곳이죠?"

"선의 근원이 모조리 없어졌다고 생각해 보세요. 바로 그곳이 지옥입니다. 하나님은 모든 선의 근원이므로, 신과의 결별을 선택한 사람들에게 선이란 없습니다."

그는 말을 잠시 끊었다.

"그곳이 얼마나 끔찍할지는 절대 가늠조차 못할 겁니다."

"왜 사람들을 그곳으로 보내죠?"

"하나님은 자신을 받아들이고자 하는 모든 사람의 죄를 용서해 줍니다. 그렇지만 신과의 결별 상태를 지속하려는 사람들이 있죠. 하나님은 그들이 선택한 길을 존중해 줍니다."

"그렇지만 그냥 모든 사람을 천국으로 보내면 안 되는 건가요? 그곳에서 더 행복해 할 텐데요."

"사랑은 관계를 강요하지 않습니다."

그는 무척 부드러워진 어조로 말했다.

"선생이 어떻게든 매티에게 결혼을 강요했다면 그건 사랑이 아니겠지요. 신이 인간을 창조할 때 자유로이 선택할 수 있는 능력을 주었고, 그 선택을 신은 존중합니다."

나는 잠시 생각해 보았다.

"선생이 사는 세상은 인간들의 반역으로 완전히 뒤집혀 있습니다. 어느 땐 도대체 이해가 되지 않죠. 딸 사라에게 길가에서 놀지 말라고 하면, 사라는 왜 그래야 하는지 이해하지 못하죠. 하지만 언젠가는 이해합니다. 신은 당신이 이루 헤아릴 수 없는 큰 사랑으로 사랑합니다. 누구 하나도 신에게서 멀어지길 원치 않아요. 그렇지만 어떤 사람들은 멀어지고, 언젠가 왜 그래야 했는지 이해하게 될 것입니다."

"그건 별로 만족스러운 대답이 아니군요."

"압니다. 그렇지만 상관없습니다."

나는 커피를 마시며 생각을 정리했다.

"그 말은 결국 신이 고통을 허용하는 것과 다름없지 않나요?"

"그런가요?"

"당신 말에 따르면 인간이 고통받는 것은 신과 담을 쌓았기 때문입니다."

"그렇습니다."

"그렇다면 왜 지금 당장 상황을 바로잡지 않죠? 미래의 어느 날을 기다릴 이유가 뭐냐고요?"

그는 커피를 마셨다.

"그건 대답하기 어렵습니다. 당신은 지금 하나님의 입장에서 세상을 바라볼 수 없기 때문이에요. 그렇지만 현재에는 현재의 목적이 있고, 훗날 모든 것이 바로잡힐 것입니다."

"우리가 고통받고 있는 동안 신은 자신의 계획을 실행하고 있다니, 참 불편부당한 것 같소."

"잊고 계신 게 있습니다. 신은 선생 혼자서 고통받게 두지 않습니다. 누구보다 더 큰 고통은 그분이 겪으시지요."

나는 가만히 카푸치노를 내려다보았다. 거품이 사라지고, 미적지근하기만 했다. 몇 모금 마신 다음 혼자 생각에 빠졌다. 이윽고 그가 말했다.

"아버지에 대해 아직도 화가 나시죠?"

"내가 열여섯 살 때 하나님이 데려가셨죠. 그 정도면 화를 낼 만하지 않겠소? 아니면 그것도 하나님 계획의 일부인 거요?"

내 목소리가 높아지고 있었다. 누가 내 말을 듣지 않았을까 싶어 주위를 둘러보았다. '무슨 상관이람?' 나는 예수에게로 다시 얼굴을 돌렸다.

그는 나와 눈빛을 맞춘 채 말없이 있었다.

"아버지를 많이 사랑하셨죠."

나는 다시 커피잔 쪽으로 눈을 떨구었고, 결국 그 이야기를 했다.

"우린 많은 걸 함께했습니다. 낚시도 가고, 컵스카우트 게임에도 나가고, 블랙호크 게임에도 나갔죠. 아버지는 세미프로 하키 선수로 뛴 적이 있어서 우리 하키팀 코치를 맡으셨어요. 어머니가 아버지와 이혼하고 다른 도시로 이사 간 후에는 아버진 더 이상 날 코치해 줄 수 없었죠. 안 그랬으면 대학 때 하키를 했을 겁니다."

"그렇지만 그 후에도 계속 만나셨잖아요."

질문이 아니라 단정하는 말투였지만, 어쨌든 대답했다.

"그래요. 2주마다 한 번씩 주말이 되면요. 그렇지만 예전 같지 않았어요."

"아버지도 아들을 그리워했어요."

이번엔 확실한 단정이었다. 나는 마침내 고개를 들었다.

"알아요."

"아들 때문에 얼마나 마음 아파했는지 모를 겁니다. 아들을 떠나보내고 삶의 의욕을 완전히 잃으셨었죠."

"어쨌든 얼마 못 사셨잖소. 안 그래요?"

이번에는 분노를 굳이 감추려고 하지 않았다.

"네. 그랬죠."

그는 조용히 대답했다. 나는 남은 카푸치노를 다 마셔 버렸다.

"진심으로 안 들리겠지만, 두 분을 보면서 저도 마음이 아팠습니다."

나는 잔을 내려놓고 건너편을 응시했다. 분노는 온데간데없고, 온몸의 기력이 다 빠진 느낌뿐이었다.

"그러게요. 진심인 것 같지 않군요."

우리는 침묵 속에 앉아 있었다. 이윽고 내가 말했다.

"내 질문에 아직 어떤 답도 하지 않았습니다. 내 부모님이 이혼하고 아버지가 돌아가신 게 하나님이 계획하신 일이었나요?"

그는 잠시 대답할 시간을 가졌다.

"성경에 나오는 탕자 이야기 아실 겁니다."

"물론 알죠."

'또 주일학교 수업인가? 대단도 하시지.'

"그 아들이 어떤 일을 겪고 나서야 자신을 사랑했던 아버지에게 돌아왔나요?"

나는 단조롭고 생기 없는 목소리로 대답했다.

"돼지 우리에서 인생의 비참한 맛을 보고 난 뒤에야 돌아가죠. 그래서 뭐죠?"

"때로…… 사람들은 깊은 고통을 겪은 후에야 하나님의 필요를 절감합니다."

"그래서 그게 하나님의 계획이었다?"

"그건 상처투성이 세상에서 하나님이 기꺼이 사용하는 방법입니다. 선생의 아버지가 느끼는 고통이 아버지를 나에게로 데려왔죠. 그리고 닉, 당신의 가슴속에 그런 상처가 없었다면 지금 여기 앉아 나와 얘기하고 있지 않을 겁니다."

나는 뒤로 기대며 팔짱을 끼고 한숨을 내쉬었다.

"지금 당장 그 모든 것이 이해된다고 말할 수 있다면 나도 좋겠소."

나는 옆으로 눈길을 돌렸다가 다시 그의 눈을 바라보았다.

"정말이지 그렇게 말하고 싶군요."

계산서
THE BILL

   레스토랑은 이미 텅 비어 있었다. 여섯 명이 앉아 저녁 내내 웃고 떠들던 테이블 쪽을 흘깃 바라보았다. 내일 영업을 위해 테이블은 이미 새로 세팅되어 있었다. 젊은 남녀는 오래전에 떠나고 없었다. 우리가 메인코스를 먹을 때 들어왔던 구석 자리의 중년 커플조차 떠난 뒤였다.

   늦은 밤 파티가 끝나고 문을 닫은 레스토랑에 찾아오는 그런 으스스한 고요가 감돌았다. 누군가 식기를 정리하는지 땡그랑거리는 소리가 들렸다. 우리 테이블 담당 웨이터가 다가왔다.

   "카푸치노 한 잔 더 드릴까요?"

그가 나에게 물었다.

"아니요, 됐습니다."

그는 예수 쪽을 바라보았다.

"선생님은요? 커피 더 드릴까요?"

"고맙지만 됐습니다. 계산할게요."

"네, 알겠습니다."

나는 레스토랑 입구 쪽으로 걸음을 옮기는 웨이터의 뒷모습을 시선으로 쫓았다. 다시 테이블로 시선을 옮겼을 때 예수가 처음으로 넥타이를 느슨하게 푸는 모습을 보았다.

"나도 이런 건 불편하군요."

그가 말했다.

'하나님은 넥타이를 싫어한다. 나중에 참고가 될지 모르니 알아둬야겠군.'

웨이터가 검은색 가죽 계산서 홀더를 가져와 테이블 중간에 놓았다. 그러더니 예수 쪽으로 몸을 돌려 빈 종이와 펜을 내밀며 조용히 말했다.

"사인 좀 해주시겠습니까? 혹시 몰라서요."

예수는 미소를 짓더니 펜과 종이를 받아들었다.

"물론이죠."

그는 이름 말고도 뭐라고 더 쓴 다음 웨이터에게 건넸다.

'예수의 사인은 경매사이트에서 얼마에 거래될지 궁금하군.'

"정말 감사합니다."

"나야말로 고마워요, 에두아르도."

둘은 종이를 맞잡은 채로 눈을 맞추었고, 에두아르도는 종이를 받아들고 돌아갔다.

나는 식사를 시작한 후 처음으로 남자를 찬찬히 살펴보았다. 그의 모습은 처음과 다름없었다. 짙은 밤색 머리카락과 올리브빛 얼굴, 검은색에 가까운 눈, 잘 다듬어진 근육……. 그런데 어찌된 일인지 그의 표정이 달라 보였다. 처음보다 온화하면서도 동시에 위엄 있는 표정이었다. 나는 그가 완전히 편해지진 않았지만, 이상하게도 끌렸다.

예수가 나를 돌아봤다.

"제가 좋아하는 친구입니다. 겸손한 사람이죠."

대화가 진행될수록 내 머릿속에는 궁금한 것들이 더 많이 떠올랐다. 빅뱅 이전의 우주는 어땠는지, 다른 별에도 지능을 가진 생물체가 사는지, 공룡은 왜 멸종된 건지……. 그러나 계산서를 받아 놓고 보니, 한 가지 질문이 수많은 다른 질문을 제쳐 버렸다.

"하나님이 나에게 영생이라는 공짜 선물을 제공한다고 계속 말씀하셨는데, 그래 천국은 어떤 곳이죠?"

그는 내가 그의 고향을 묻기라도 한 것 같은 미소를 머금었다.

"천국은 멋진 곳이에요. 인간의 감각은 이 일그러진 세상에 살면서 너무 무뎌져서 그 모든 광경과 소리와 냄새가 믿기지 않을 겁니다. 한 번도 본 적 없는 색깔과 한 번도 들어본 적 없는 음악이 있죠. 활기가 넘치고 평화가 충만해 있습니다. 그랜드캐니언에 섰을 때의 기분 기억나세요? 너무 경이로워서 가슴이 벅차오르는 기분이요?"

"네."

"천국이 바로 그렇습니다. 다만 천국의 경이로움은 무한히 지속되죠."

"바보 같은 질문이지만 정말로 천국의 길은 금으로 만들어져 있나요?"

그가 웃음을 터트렸다.

"천국을 묘사하는 것이 쉽지만은 않죠. 아마존에서 온 원주민에게 눈을 설명하는 것과 같아요. 이해를 돕는 데 참고가 될 만한 게 전무하죠. 천국이 성경에 쓰인 대로의 모습인 것은 사실이지만, 어떤 면에서는 상상하는 것 이상으로 훨씬 아름답거든요."

"또 말씀하시길, 내가 그곳에 가기 위해선 아무것도 하지 않아도 된다고 하셨죠?"

"영생의 선물을 받으셔야 합니다. 자기 자신의 선함을 믿어선 안 되고, 나를 믿어야 합니다."

그는 한켠에 놓인 물을 한참 마신 후 잔을 내려놓았다.

"그런데 천국과 영생을 혼동하고 있군요."

내 마음은 여전히 천국이 어떤 모습일지에 가 있었다. 그래서 그의 마지막 말을 듣지 못했다.

"뭐라고 하셨죠? 미안해요."

"천국과 영생을 혼동하고 있다고요."

"같은 것 아니었나요?"

"아뇨."

"무슨 말인지 모르겠네요."

"영생은 어떤 장소가 아닙니다. 또한 존재가 지속되는 시간이 아닙니다. 내가 영생이고, 하나님 아버지가 영생입니다."

"내가 말을 제대로 알아들었는지 모르겠습니다."

"하나님이 모든 만물의 근원인 것처럼, 하나님은 또한 모든 영적인 생명의 근원입니다. 이렇게 생각해 보세요. 하나님은 선생의 육신이 음식과 공기와 물을 필요로 하게끔 창조했습니다. 그런데 그런 것들을 없애 버리면 어떻게 될까요?"

"죽겠죠."

"영혼도 마찬가집니다. 하나님은 선생의 영혼이 하나님과 하나가 되도록 창조하셨지요. 하나님이 없다면 선생의 영혼은 죽습니다. 생명이 없죠. 하나님이 영혼이고, 생명인 것입니다. 선생이 영생을 얻을 수 있는 유일한 길은 하나님을 받아들이는 것뿐입니다."

내가 확실히 이해한 건지 여전히 확신할 수 없었다.

"그럼 하나님이 영생을 준다고 말한 것은……."

"하나님 자신을 내준다는 뜻이지요. 하나님이 선생 안에 영원히 살려고 오는 것입니다. 선생이 날 받아들이게 되면, 그것으로 영생 자체를 얻는 것이죠."

나는 의자에 기대서 이 말을 곰곰이 생각했다.

"그럼 천국은 뭐죠?"

"천국은 단순히 내가 있는 장소이고요."

"그렇지만 사람들은 죽어서야 천국에 가잖소."

"맞습니다. 그렇지만 영생은 지금도 누릴 수 있죠."

내 얼굴에 다시 뭐가 뭔지 모르겠다는 표정이 나타났을 것이다.

"영생은 선생이 죽으면 시작되는 것이 아닙니다. 날 영접하는 순간 시작되는 것이죠. 나를 믿는 순간 완전히 죄를 용서받을 뿐 아니라, 선생의 영혼과 나는 연합하게 되죠. 내가 선생 안에 살려고 오는 것입니다."

"당신이요? 당신은 바로 거기 앉아 있는데?"

"성령을 말하는 것입니다. 성령과 성부와 나는 하나이지요."

"저기, 난 그 삼위일체라는 게 도무지 이해가 안 되더군요. 성부와 성자, 성령……."

그가 조용히 웃었다.

"그건 선생 혼자만이 아닙니다. 많은 사람들이 모르죠. 이해하려 하지 않으니까요. 그걸 이해하게끔 예정돼 있지 않으니까요."

"내가 이해할 수 있는 게 아니라는 뜻인가요?"

"네."

난 뭐라고 말해야 좋을지 알 수 없었다.

"사람들이 하나님의 본성을 완전히 파악한다면 하나님은 하나님답지 않을 거예요. 인류는 아직도 창조의 많은 부분을 알아내지 못한 상태죠. 창조주는 그것보다 훨씬 더 위대하니까요."

그가 지금까지 한 말의 중요한 의미가 서서히 이해되기 시작했다. 완전히 파악하진 못했어도 요점은 파악했다. 다만 거기에 함축된 의미가 무엇인지 풀리지 않았다.

"하나님이 내 안에 살기 위해 온다는 점이 아직도 찜찜하네요. 죄를 용서하는 부분은 좋은데, 이건……."

"가장 좋은 부분이죠. 선생에겐 선생을 사랑하고 받아 주고 같이 있어 주고 싶어하는, 심지어 스스로를 가엾게 여길 때조차도 곁에 있어 주려는 누군가가 필요합니다. 늘 곁에 있어줄 사람이요. 누구나 그런 존재가 필요합니다. 하나님이 그렇게 만들었거든요."

"딸애는 내가 옆에 없으면 안 되더군요."

반은 농담으로 말했다.

"열다섯이 될 때까지만 참으세요."

'한참이나 남았군.'

"그리고 선생에게는 그동안 잊고 살아온 모험의 세계를 조금은 되돌려줄 사람이 필요하죠. 하이백리지에서 더트바이킹(dirt biking. 뿌연 흙먼지와 자갈이 튀는 산길과 하천, 진흙 웅덩이 등 험로를 달리는 자전거 경주―옮긴이)을 하러 가곤 했던 씩씩한 아이는 어디로 갔죠?"

하이백리지란 단어를 듣는 순간 에너지 불꽃이 파팟 하고 튀는 것을 느꼈다.

"몇 번은 거의 완주하지 못하는 줄 알았죠."

"알아요."

그의 얼굴에 미소가 슬쩍 비쳤다.

"정말 물불 안 가리는 대담한 소년이었죠."

그는 팔을 탁자 위에 놓고 앞으로 기댔다.

"닉, 사는 게 지겹고 재미없죠? 겨우 이렇게 살려고 태어난 게 아니었어요. 신이 내 즐거움을 앗아가 버리면 어쩌나 불안해 하지만 그건 결국 뒷걸음질친 거였죠. 길가에 앉아 진흙을 만지고 노는 게 즐거워서 디즈니월드를 가고 싶어하지 않는 소년과 같죠. 앞에 훨씬 더 좋은 것이 기다리고 있는데 그걸 깨닫지 못하고 있는 겁니다. 이 우주의 창조주와 함께하는 것처럼 신나는 모험도 없는데 말이죠."

그는 테이블에서 떨어져 의자에 등을 기댔다.

"그 첫 번째 임무는 하나님의 인도를 받아 지금 닉의 회사에서 벌어지고 있는 지저분한 상황에서 벗어나는 것입니다."

내 얼굴은 그대로 굳어 버렸고, 내 눈은 그의 눈에 붙박혀 움직일 줄 몰랐다. 두 달 전 나는 회사가 환경심사결과를 조작하고 있는 사실을 알게 됐다. 나는 개입돼 있지 않았지만, 들통나는 날엔 내 커리어가 위험해질 게 틀림없었다.

"나오고 싶잖아요. 관두고 나오는 게 어때요?"

"관둘 순 없어요. 이 지역에 그런 일자리는 없거든요. 또 이사해야 한다고 하면 매티가 날 죽이려 들 겁니다. 게다가 아내는 전에 하던 그래픽 일을 이제 겨우 다시 하게 됐고요."

"그렇다고 프루이트에서 일하는 건 매티와 사라를 속이는 것입니다. 자신의 커리어를 위태롭게 하는 것일 뿐 아니라, 기력과 정신을 소진시키는 것이고요. 그곳에 있는 것이 가족을 위하는 일은 아닙니다."

나는 맞은편에 앉아 있는 그를 물끄러미 응시했다. 이 화제를 꺼내는 것만으로도 몸에서 기력이 빠져나가는 것 같았다.

"당장은 그렇게 할 수 없어요."

"닉에겐 그런 결정을 내릴 용기를 줄 사람이 필요해요. 결국 잘 해결될 게 틀림없거든요. 지금은 그렇게 보이지 않는

다는 거 압니다."

"현실이 그렇지 않단 말입니다. 매티가 난리를 칠 거고, 나는 아내가 그런 식으로 나오는 것에 화가 날 것이고. 그렇게 되면……."

그렇게 되면 거기서부터 내리막길이 시작된다. 이 모든 시나리오는 시시각각 암울해질 뿐이었다.

"당신 안에 누군가가 있어서 매티가 당신에게 화를 낼 때조차도 그녀를 사랑할 수 있다면요?"

'그런 일은 절대 있을 수 없어.'

"그 능력은 하나님에게 없습니다."

그가 말했다.

"뭐라고요?"

"내겐 불가능한 일입니다. 그 일이 아무리 선생을 힘들게 해도 나는 당신을 통해서만 매티를 사랑할 수 있습니다. 그리고 매일 변함없이 그 사랑을 반복하는 겁니다. 매티가 필요로 하니까요."

나는 그의 눈을 피하기 위해 고개를 숙였다. 회사일 얘기를 하는 것만으로도 괴로운데, 사랑이니 하는 얘기를, 더군다나 남자와 하는 것은 확실히 껄끄러운 일이었다. 그 상대가 예수라고 해도 말이다.

"하나님이 도와주겠다고 해놓고 언제 그랬냐는 듯 변심하는 건 아니겠죠."

남자는 시원하게 웃었고, 의자 등받이에 두 손을 포개고 머리를 기댔다.

"내가 전에 이 집에 왔을 때 같이 있는 게 가장 즐거웠던 사람 중 한 명이 누군지 알아요?"

나는 고개를 흔들었다.

"니고데모(신약성서에 나오는 최고 의회 의원—옮긴이)요. 날 찾아와서 질문을 던지곤 했죠. 내 대답에 그는 항상 어리둥절해 했지만, 나는 대화 중에 그의 눈이 놀라서 휘둥그레지는 걸 보는 게 즐거웠죠. 좋은 사람이었는데, 관원으로 한 자리를 맡고 있으면서 주민들에게 떳떳하지 못한 일을 하고 있었죠."

"저와 비슷한 부류인가 보네요."

내가 중얼거렸다.

"선생과 그는 이름 말고도 비슷한 점이 많아요. 좋은 면에서요."

그는 계산서 홀더를 흘깃 보고는 물을 한 모금 마셨다. 그 사이에 나는 계산서를 집었다.

"내가 계산할게요. 신세를 많이 지게 됐잖아요."

가죽 홀더를 쥔 건 나였지만 그의 손이 내 손목을 잡았다. 나는 그를 쳐다보았다.

"닉, 이건 선물입니다."

나는 계산서를 쥔 손을 풀면서 그의 손을 내려다보았다. 셔츠와 재킷이 살짝 치켜 올라간 틈으로 팔목이 보였다. 내 시선이 그의 손목에 난 커다란 상처 구멍에 고정됐다.

나는 잠깐 동안 그대로 아무 말도 하지 않았다.

"손바닥에 박은 줄 알았습니다."

그도 내 시선을 따라 상처를 바라보았다.

"많은 사람들이 그렇게 생각하죠. 내 몸무게를 지탱하기 위해 손목에 못을 박았지요. 손바닥에 박았다면 몸무게를 못 이겨 손이 찢겨나갔을 겁니다."

나는 그에게 계산서를 양보했다. 그는 앞주머니에서 지폐 두 장을 꺼내 홀더 안에 끼워 넣고는 날 바라보았다.

"그만 갈까요?"

귀가
HOME

우리는 격자문을 지나 레스토랑 입구 쪽으로 걸어갔다.

'희한하군, 아까까지만 해도 이 길로 뛰쳐나가려고 했었는데. 이제는 떠나기 싫어질 줄이야.'

나는 두어 걸음 뒤에서 걸으며 혼자 생각에 빠졌다.

내가 저녁을 같이 먹은 사람이 정말로…… 왜 하필 나지? 이 사람은 늘 이런 식일까? 매티에게는 뭐라고 말하지? 내일 아침에 잠에서 깨면…… 이제 무슨 일을 한담?

고개를 들어 앞을 보니 예수가 현관 안쪽을 쓸고 있는 카를로와 몇 마디 주고받고 있었다. 두 사람은 포옹을 나누었고, 카를로는 그를 위해 문을 열어 주었다. 나는 뒤따라 나갔다. 우리는 현관 차양 아래 멈춰 섰다.

"카를로와 무척 친한 사이인가 봐요?"

"네."

"여기 밀라노 레스토랑에 언제 처음 왔는데요?"

"오늘이 처음입니다."

그는 내 차가 있는 쪽으로 걸음을 옮겼다. 우리는 말없이 주차장을 가로질렀다. 어느 것이 내 차인지 그가 알 거라는 것쯤은 짐작했어야 했는데, 아직도 모든 것을 다 알고 있는 누군가와 같이 있다는 것이 낯설기만 했다. 우리는 내 익스플로러 앞에서 멈췄다.

"당신 차는 어느 건가요?"

나는 하나님의 자동차 취향이 궁금했다.

"아, 난 운전하지 않습니다."

나는 더 이상 묻지 않았다. 차 앞에서 나는 다소 어색해졌다. 예수에게는 어떻게 작별인사를 해야 할까? 그런데 그에게는 난처해 하는 기색이 전혀 보이지 않았다.

"저녁 잘 먹었습니다."

내가 마침내 입을 열었다. 그때 난데없이 처음 질문이 불현듯 떠올랐다.

"초대장을 누가 보냈는지 말씀 안 하셨는데요?"

그는 키득거리기만 하고 대답하지 않았다.

"처음부터 이 모든 게 당신의 생각이었던 것 같은데."

"사실은…… 닉, 당신의 생각입니다. 아버지가 돌아가셨을 때 기억 안 나세요? 하나님에게 여기 와서 이유를 설명해 보라고 했던 거?"

"잘 기억이 안 나는데……."

"내가 기억하고 있었어요. 아주 오래전부터 오늘 저녁을 계획해 왔죠."

나는 뭐라고 해야 할지 갈피를 잡을 수 없었다. 주머니 안을 더듬거려 열쇠를 꺼내고 잠금 장치를 풀었다. 집에 안 가고 끝까지 남아 있었던 게 얼마나 다행이라고 생각하는지, 오늘 저녁이 내가 처음에 예상했던 것과 얼마나 달랐는지 그에게 말해 주고 싶었다. 그가 이미 알고 있을 테지만 그래도 뭐라고 말하고 싶었다. 그런데 그 모든 말이 단 한 마디로 집약되어 튀어나왔다.

"언제 또 같이 저녁 먹을까요?"

그는 옅은 미소를 지었다.

"그건 닉, 당신에게 달려 있습니다."

"무슨 말인지 잘 모르겠는데요."

"아뇨, 당신은 알고 있어요. 명함 한 장 더 줘보세요."

나는 가죽 지갑을 꺼내서 마지막 남은 명함을 주었다. 그는 상의 주머니에서 펜을 꺼내 명함 뒷면에 뭐라고 적고는 그걸 내 셔츠 주머니에 쓱 밀어 넣었다.

"그걸 보면 나에게 연락하는 방법을 아시게 될 겁니다."

그는 차 문 손잡이를 잡고 열었다.

"매티는 벌써 잠들었어요. 어서 집에 가세요."

나에게는 아직도 수천 개의 질문이 남아 있었지만, 그의 말이 옳았다. 차에 올라타서 열쇠를 꽂고 시동을 걸고는 창문을 내렸다. 나의 불안감을 감지했는지 그가 먼저 작별의 말을 던졌다.

"닉, 오늘 당신이 여기 와줘서 기뻤어요. 즐거운 시간이었습니다."

"저도 즐거웠어요."

"잊지 마세요. 난 당신 편이고, 매티도 당신 편이라는 거. 매티는 단지 아직 그걸 표현할 방법을 모르는 것뿐이에요. 시간을 주세요. 그리고 사랑해 주세요."

"그러겠습니다."

"사라에게 저 대신 뽀뽀해 주시고요."

"네, 그럴게요."

나는 그에게 오른손을 뻗었다. 그가 내 손을 꽉 잡고 흔들었다. 나도 모르게 그의 손목에 난 상처에 또 다시 눈이 갔다. 마지못해 손을 거두며 기어를 후진에 놓았다.

"안녕히 가세요."

내가 말했다.

"다음에 만날 때까지 잘 지내요."

그가 대답했다. 나는 차를 뒤로 뺀 다음 주차장을 가로질러 출발했다. 백미러를 보고 손을 흔들었지만, 그는 이미 그곳에 없었다.

밀라노 레스토랑에서 집까지는 차로 20분 거리였지만 오늘은 단 2분 만에 도착한 것 같았다. 내 마음은 자동차 바퀴보다 천 배는 빨리 달려왔다. 나는 집 앞 진입로에 차를 세우고 아무도 깨지 않게 얼른 라이트부터 껐다. 시동을 끄고 코트를 집으려다 예수가 적어 준 명함이 생각났다. 나는 주머니에서 그것을 꺼내 뒤집었다. '요한계시록 3:20'이라고만 적혀 있었다.

'3장 20절이라…… 성경 구절? 성경을 말하는 건가?'

나는 차에서 내려 조용히 차 문을 닫았다.

집 안은 조용했다. 나는 문단속을 했다. 매티는 날 위해 램프 하나를 켜 두었다. 부엌을 지나가는데 그레텔이 고개를 들었다. 나는 가다 말고 개를 쓰다듬어 주었다.

"오늘 산책 못 시켜 줘서 미안해."

나는 속삭였다. 그레텔은 도로 고개를 파묻고 잠들었다.

'매티가 밥 주는 걸 잊지 않았어야 할 텐데.'

나는 발끝으로 층계를 올라가 사라의 방을 들여다보았다. 곤히 잠들어 있었다. 요람으로 살금살금 다가가 뽀뽀를 해주었다. 숨소리가 순간 바뀌는가 싶더니 이내 원래대로 돌아갔다. 나는 돌아 나와서 거실을 지나 침실로 갔다. '이제부터 무슨 일이 날 기다리고 있을지 나도 모르겠다.' 침대 건너편으로 손을 뻗어 매티가 읽다 만 소설책을 덮었다.

나는 매티에게 소근거렸다.

"나 왔어."

매티는 살짝 잠에서 깨 신음 소리를 내더니 눈을 떴다.

"당신, 왔어."

매티는 잠이 묻은 목소리로 우물거렸다.

"매티, 오늘 정말 미안해……"

"알아, 괜찮아. 아침에 얘기하자."

"그래."

나는 매티에게 키스하고 이불을 끌어당겨 덮어 주었다.

"금방 올게."

"응."

매티는 비몽사몽간에 대답하고 다시 잠들었다.

나는 서재로 갔다. 아내의 잠을 방해하지 않고 옷을 갈아입을 수 있기 때문이었다. 옷장에서 바지 걸이를 찾아내자마자 나는 다른 걸 찾아 보기로 결심했다. 나는 서재 문을 닫고 다시 옷장으로 와서 소리 나지 않게 책 상자들을 꺼냈다. 책꽂이로는 공간이 모자라 우리는 책을 상자에 넣어뒀었다. 상자를 세 개나 비웠지만 소득이 없었다. '분명히 여기 어디 있을 텐데.' 네 번째 상자에서 책을 꺼내기 시작했을 땐 방안이 책 더미로 너저분해져 있었다. 바로 그때 눈앞에 내가 찾고 있던 것이 나타났다. 내 옛날 성경. 대학 때 이후로 한 번도 펼치지 않았던 낡은 성경이 보였다. '이걸 아직도 갖고 있었다니!' 나는 요한계시록이 있는 뒤쪽으로 페이지를 넘기며, 명함에 적힌 숫자를 다시 확인했다.

"3장 20절."

나는 3장으로 넘겼다. 20절은 바로 다음 쪽에 있었다. 예수의 말이 인용돼 있었다.

> 볼지어다. 내가 문 밖에 서서 두드리노니
> 누구든지 내 음성을 듣고 문을 열면
> 내가 그에게로 들어가 그로 더불어 먹고
> 그는 나로 더불어 먹으리라.

믿음을 구하는 이들을 위한 4주 그룹 토론 가이드

이 가이드는 《예수와 함께한 저녁식사》를 가지고 소그룹 토론을 할 때 활발한 의견을 이끌어 낼 수 있는 발판으로 활용하도록 마련되었다. 토론을 하면서 자신에게 적합하다고 생각되는 질문들을 선택하고, 도움이 된다고 생각되는 부가적인 질문들을 덧붙여도 좋다.

이 가이드는 믿음을 구하는 사람들과 자신의 믿음에 확신을 얻고 싶은 사람들, 또는 이 책에서 다루는 화제에 관심은 있지만 스스로를 기독교인이라고는 생각하지 않는 사람들을 위한 것이다.

첫 번째 주_ 초대장에서 애피타이저까지

1. 이 책의 전제를 알게 되었을 때 제일 처음 든 생각은 무엇인가요? 닉처럼 예수로부터 초대장을 받았다면 당신은 초대에 응하시겠습니까?

2. 닉이라는 인물에 공감가는 부분이 있었습니까?

3. 예수와 대화할 수 있는 기회가 있었으면 하고 바란 적이 있습니까? 예수와 단둘이 마주 앉게 된다면 어떤 이야기를 하시겠습니까?

4. '메뉴' 장에서 닉이 한 마지막 말에 대해 당신은 어떻게 생각합니까? 그렇게 생각하는 이유는 무엇입니까?

5. 우리의 신앙을 현실과 일치시키는 것이 중요한 까닭은 무엇인가요? 만약 일치하지 않는다면 무엇이 달라질까요? 세상의 모든 신앙에 대해 '그들에게는 그 믿음이 사실이다'라고

말한다면 무엇이 잘못된 것일까요?

6. 창조주의 존재를 증명하는 가장 확실한 증거는 무엇이라고 생각하나요?

7. 하나님에 대한 기독교의 개념과 이슬람교의 개념은 어떻게 다른가요? 이 차이점이 인간의 내면 깊숙한 욕망에 있어서 중요한 이유는 무엇입니까? 자신의 개인적인 경험과 이것은 어떻게 연관되는지요?

8. 다른 종교의 창조주들과 비교할 때 예수의 독특한 차별점은 무엇입니까?

9. 42쪽에서 예수는 "자신이 절대적으로 믿고 있는 것이 틀린 것이기를 바라지 않죠"라고 말합니다. 당신은 영원한 운명으로 무엇을 절대적으로 믿고 있습니까?

두 번째 주 _ 샐러드에서 메인코스까지

1. 책에서 예수는 신에게 이르는 길은 있으나 그 길은 인간 개인의 노력으로 만들어 찾아갈 수 없다고 말합니다. 그 길의 의미는 정확히 무엇인가요?

2. 하나님의 관심은 사람들이 하나님 자신을 기쁘게 하기 위해 특별한 노력을 기울이는 데 있지 않다고 했습니다. 그 이유는 무엇인가요? 이 말이 당신 인생에 어떤 의미를 던져 주고 있나요? 사람들은 착한 일을 하면 하나님에게 점수를 딸 것이라고 왜 그렇게 쉽게 믿을까요?

3. 하나님에 대한 인간의 반란을 보여주는 대표적인 예는 무엇이라고 생각하나요? 당신은 하나님의 우주를 병들게 하는 암과도 같은 '일상적인 마음의 죄'를 얼마나 짓고 있습니까?

4. 당신의 삶에는 오직 하나님만이 메울 수 있는 큰 간극이 있습니까?

5. 왜 신은 완벽하게 성스럽고, 완전하게 공정해야만 할까요?

6. 마더 테레사와 히틀러의 도덕적인 잣대에서 당신은 스스로를 어디쯤에 놓으시겠습니까? 하나님의 완벽한 기준과 비교하면 당신의 위치는 어디일까요?

7. 예수가 78쪽에서 했던 질문에 당신은 어떻게 대답하시겠습니까? "당신은 어떤 근거로 완벽하게 거룩한 하나님 앞에 서서 나름대로 선하게 살아왔다고 말할 건가요?"

8. 하나님은 어떻게 완벽하게 공정하면서도 동시에 너그러울 수 있을까요? (로마서 3장 23절-26절)

9. 82쪽에서 예수가 닉에게 던진 질문에 당신이라면 어떻게 대답하시겠습니까? "당신이 딸을 사랑하는 만큼 하나님도 당신을 사랑한다고 생각하지 않으세요?"

10. 두 소년에 관한 예수의 우화에 대해 생각해 봅시다. 두 명 중 공부를 잘하는 소년의 성격을 어떻게 설명할 수 있을까요? 이 소년과 같은 하나님은 어떨까요?

11. 하나님이 당신을 곁에 두길 간절히 열망하는 것을 안다면 현재의 일상적인 생활과 영생 양쪽 측면에서 당신의 삶에 어떤 영향을 미칠까요? 하나님의 사역이 관계를 회복시킨다면, 그 보답으로 하나님이 당신에게 원하는 것은 무엇입니까?

12. 예수가 85쪽에서 설명하고 있는, 하나님이 대가 없이 주는 선물을 우리가 받지 않았다면, 그것을 막고 있는 것은 무엇일까요?

세 번째 주_ 디저트에서 커피까지

1. 하나님에 대한 믿음은 어째서 맹목적인 믿음이 아닙니까? 인간의 모습을 한 하나님으로서의 예수를 믿는 것은 어떤 이유로 맹목적인 믿음이 아닙니까?

2. 92쪽에서 다가올 메시아에 대한 예언들 중 당신을 놀라게 한 것이 있습니까? 개인적으로 가장 중요한 의미가 있는 예언은 어느 것인가요?

3. 예수가 단순히 훌륭한 종교 지도자에 불과했던 것이 아니었음을 복음서는 어떻게 설명하고 있습니까?

4. 예수가 십자가에 못 박혀 죽은 후 수 주, 수 개월, 수 년 동안 제자들이 보인 행동은 예수의 부활 사실을 어떤 식으로 뒷받침하고 있습니까? 예수가 부활하지 않았다면 98-100쪽에 제시된 제자들의 행적과 가르침을 어떻게 설명할 수 있을까요?

5. 주 예수를 믿을 때 사람들의 내면에서는 어떤 일이 일어난다고 생각하십니까?

6. 예수가 우리를 본래의 모습으로 회복시키기 위해 찾아왔다면 하나님을 우리 안에 받아들이는 것도 애초에 계획된 삶의 방식일까요? 이것이 당신 자신의 삶에 던지는 의미는 무엇인가요?

7. 예수는 하나님 아버지를 드러내기 위해 왔다고 말했습니다. 예수에 대해 당신이 알고 있는 것을 바탕으로 하나님 아버지를 묘사해 보세요.

8. 하나님이 당신의 노력으로 얻는 대가가 아니라, 단지 무상의 선물로 영생을 주는 이유는 무엇입니까?

9. 114쪽에서 예수가 닉에게 "그렇지만 그건 진짜 중요한 문제가 아니지 않나요?"라고 말한 이유는 무엇이고, 예수 그리스도에게 믿음을 바치는 데 있어 중요한 문제는 무엇입니까?

10. 지옥에 관한 신약성서의 가르침 대부분은 예수로부터 나온 것입니다. 이것을 알고 난 후 지옥에 대한 당신의 시각은 어떻게 변했습니까?

11. 하나님이 자신의 피조물이 고통받은 것 이상으로 스스로 고통받기를 택했다는 사실이 의미하는 바는 무엇입니까?

12. 당신의 삶에는 하나님이 돌보아 주지 않는 듯한 상처가 있습니까? 사람들과 한 가지만 공유한다면 무엇이 있을까요?

네 번째 주 _ 계산서에서 귀가까지

1. 영생과 천국이 어떻게 다른지 설명해 보세요. 예수의 말을 바탕으로 영생을 묘사해 봅시다.

2. 책에 그려진 모습을 바탕으로 예수를 묘사해 보세요. 그는 어떤 사람입니까? 당신에게는 예수의 어떤 모습이 가장 인상적입니까?

3. 하나님에 대해 결코 이해가 가지 않는 면이 있습니까? 토론에 참여한 분 중에서 이 부분을 대신 명쾌하게 대답해 줄 수 있을까요? 하나님의 모습 중 일부는 영원히 우리에게 미스터리로 남아 있을까요?

4. 예수가 전하는 최고의 메시지는 '당신 안에 거하는 하나님'입니다. 하나님은 어떤 방식으로 우리 안에 살까요? 하나님이 우리 안에 산다면 무엇이 달라질까요?

5. 당신은 인생에서 불꽃 튀는 열정과 모험에 대한 호기심, 그리고 용기를 잃어 가고 있나요? 우주의 창조주가 그것들을 되찾아 주기 위해 어떤 도움을 줄 수 있을까요? 당신이 생각하는 도움은 무엇입니까?

6. 하나님은 자신과 영원히 함께하는 삶을 지루하고 무료한 삶으로 만드셨을까요? 아니면 즐거움이 충만된 삶으로 만드셨을까요? 자신의 대답이 스스로에게 암시하는 것은 무엇입니까?

7. 주 예수에 대한 아래의 기쁜 소식 중 당신을 가장 행복하게 하는 것은 무엇입니까?
   - 당신의 원죄를 용서해 주는 것
   - 하나님 곁에 영원히 머무는 것
   - 현재 하나님과 인간적인 관계를 맺는 것
   - 하나님으로부터 받은 새로운 욕망으로 채워진 새로워진 마음을 받는 것
   - 하나님이 지금은 물론이고 앞으로도 영원히 당신 안에 사는 것

8. 닉의 인생에서 이제 무슨 일이 일어날 거라고 예상하십니까?

9. 이 책의 어떤 면이 당신에게 개인적으로 가장 중요하게 다가 왔나요?

10. 이 책이 제기했던 문제들과 관련해서 아직 의문점이 남아 있다면 그것은 무엇입니까? 그 답을 찾는 것이 당신에게 중요한가요? 그 답을 어디에서 어떻게 찾을 수 있을까요?

11. 이 책을 마무리하는 성경구절인 요한계시록 3장 20절은 당신에게 어떤 의미로 해석되었습니까?

옮긴이의 말

  교회의 전도 행위를 길거리 상가의 호객 행위쯤으로 치부하는 평범한 샐러리맨이 어느 날 반신반의하며 '나사렛 예수'의 저녁식사 초대에 나간다. 일과 가족으로부터 숨통도 틔우고, 맛있는 식사도 할 수 있는, 틀림없이 회사 친구들이 마련한 술자리라고 생각했기 때문이다. 어리석을 정도로 순진하거나 지독한 광신도가 아니고서야 진짜 예수가 초대한 것이라고 믿을 리 없다. 하지만 유쾌한 기대감에 들떠 레스토랑에 도착해 안내 받은 테이블에는 '예수'를 자칭하는 낯선 남자가 기다리고 있었다.

  생면부지의 사람과 느긋한 식사를 즐기기는 힘들다. 더구나 얼굴색 하나 변하지 않고 시종일관 자기가 예수라고 주장하는 사람과는. 어쨌든 이 진지한 장난극의 전모가 궁금했던지, 남자의 신비스런 분위기에 이끌렸던지, 초대에 응하기로 결정한 주인공 닉 코민스키는 예수 배역을 철저히 준비해 온 듯한 남자와 한 치의 양보 없이 대화를 시작한다.

예수를 신격화하는 것이 아닌 실제 생존했던 평범한 한 인간으로 지상에 내려놓는 설정은 꼭 예수나 기독교를 믿지 않는 사람들이라도 두 남자의 대화 속으로 빠져들게 하는 힘이 있다. 예수가 어떤 어린 시절을 보냈는지, 아버지 요셉과 어머니 마리아는 어떤 부모였는지, 예수의 개인적인 이야기는 성경에 기술된 것과는 전혀 다른 느낌으로, 옆집 친구의 이야기처럼 친근하게 다가온다.

기독교 신자가 아니더라도 누구나 한 번쯤 생각해 봤을 일반적인 문제들에서 시작해 점점 깊이 있는 기독교 화제들로 옮겨가는 이들의 대화는, 애피타이저부터 디저트까지 식사의 각 코스와 절묘하게 맞물려 전개된다. 기독교를 믿는 사람들조차 잘못 알고 있는 사실들, 편견들, 이슬람교나 불교 등 다른 종교들과의 유사점과 차이점 등이 예수의 입을 통해 나오는 동안 닉 코민스키는 '독자'의 역을 대신해 반론을 펼

친다. 그는 신랄하게 비판하기도 하고, 대놓고 코웃음 치기도 하고, 의심하기도 하면서 예수와 대적할 만한 인터뷰어 노릇을 톡톡히 해낸다.

기독교 원리와 예수의 가르침은 심오하게 분석되는 것이 아닌, 근사한 저녁을 먹으면서 나누는 이야기처럼 가볍고 편안하게, 머리보단 마음으로 전달된다. 식사가 끝나갈 무렵 예수는 어느새 닉의 잊혀진 오래된 꿈과 상처를 상기시키며 용기를 주고, 상처를 어루만져 주는 친구가 되어 있다. 그렇다고 결말이 '이제부터 하나님을 믿어야겠다'는 닉의 느닷없는 결심은 아니다. 닉은 '이제 어떻게 해야 할까?' 하는 고민에 빠진다. 끝인 동시에 또 다른 시작인 것이다.

이 책은 지극히 종교적인 내용을 최선의 의도로 비종교적으로 포장하고 있다는 점에서 기독교 분야에서는 현대적인 고전으로 꼽히는 리 스트로벨의 'Case' 3부작과 C. S. 루이스의 《순전한 기독교》와 비슷한 컨셉을 취하고 있다. 기독교를 믿지 않는 사람의 시점에 맞추어 기독교를 이해시키고 있는 점, 과학적이거나 합리적인 근거를 바탕으로 담담히 예수와 성경을 이해시키려는 점 등이 공통된 장점이다. 그러나 예수에 대한 이해를 가장 쉽게 돕는 점에서는 단연 이 책을 꼽고 싶다. 《예수와 함께한 저녁식사》는 리 스트로벨과 마이크 메이슨의 찬사 중 '《순전한 기독교》에 버금가는 걸작'이라는 평가를 비롯해 서구에서는 중요하게 주목받고 있다.

  누구나 아는, 적어도 안다고 생각하는 유명인 예수의 진정한 실재, '신'과 같은 보다 크고 원대한 존재 혹은 흔들림 없는 근본적인 신념을 많은 사람들이 간절히 갈망한다. 거울 앞에 서 있지만, 언제까지 거울을 들여다보고 싶지 않은 기분으로 '정말 이것으로 좋은 걸까? 그냥 이렇게 살면 되는 걸까?'를 고민한다. 때론 '존재의 이유가 있어야 한다'고 확신한다. '예수의 초대를 받는다면 나는 무엇을 얘기할까?'라는 이 책의 질문을 시작으로 이제 거울을 들여다보는 건 어떨까.

2005년 겨울
서소울

"이렇게 흥미롭게 복음을 전한 책은 없었다!"_故 옥한흠 목사

새로운 기독교 고전 **데이비드 그레고리의**
예수와 함께한 시리즈

예수와 함께한 저녁식사 2 *Night with a Perfect Stranger*
《예수와 함께한 저녁식사》 7년 후 이야기. 교회도 지겹고 삶도 버거운 사람들의 마음을 통째로 변화시킬 가장 중요한 대화. 더 깊고, 더 현실적이며, 더 풍성해진 메시지.

최종훈 옮김 | 196쪽

예수와 함께한 가장 완벽한 하루 *A Day with a Perfect Stranger*
예수와 만난 뒤 갑자기 종교를 가지겠다고 말하는 닉을 이해하지 못하는 아내 매티는 마침내 이혼을 결심하는데… 나보다 더 내 가정을 잘 하는 예수의, 인생 최고의 카운슬링.

서소울 옮김 | 178쪽

예수와 함께한 직장생활 *The Next Level*
"사람들은 누구를, 무엇을 위해 일하는가?" 인생의 근본적인 의문에 대한 답변.
인생의 목적에 대한 적절한 메세지를 발견할 수 있는 명쾌한 우화.

서소울 옮김 | 212쪽

예수와 함께한 복음서 여행 *Open*
폭풍우 치는 갈릴리 호수, 한낮의 우물가, 향유 냄새 가득한 방, 골고다 언덕과 빈 무덤까지, 복음서 속 현장을 예수와 함께 걸으며 배우는 영적 성장의 핵심!

최종훈 옮김 | 232쪽